LE CRI

DES

AFRICAINS

CONTRE LES

EUROPÉENS, LEURS OPPRESSEURS,

OU

COUP D'ŒIL

SUR LE

COMMERCE HOMICIDE APPELÉ

TRAITE DES NOIRS,

PAR

THOMAS CLARKSON, M.A.

TRADUIT DE L'ANGLAIS.

LONDRES,
IMPRIMÉ PAR G. SCHULZE,
13, POLAND STREET.

1821.

PRÉFACE DE L'AUTEUR.

Dans ce Tableau de la Traite que nous offrons au public, nous regrettons de n'avoir à peindre que des crimes atroces et des traitemens barbares. Nous prévoyons d'avance l'étonnement et l'effroi qu'excitera fréquemment cette lecture. " Se peut-il, s'écriera le lecteur indigné, que la nature humaine soit capable de tant d'atrocité !" Plus d'une fois il sera porté à douter de la vérité des faits rapportés dans cet ouvrage. Nous croyons donc convenable d'indiquer les sources où nous avons puisé. Il n'y a pas d'Européen éclairé qui ne connaisse le nom et les travaux du célèbre voyageur anglais Mungo Park dont la véracité n'a point encore été révoquée en doute ; c'est de son autorité que nous nous sommes le plus souvent appuyé. Mais il en est une autre, également d'un grand poids, à laquelle nous avons eu recours : nous voulons parler du *Résumé des Interrogatoires,** publié par ordre du parlement britannique. Ce livre renferme le témoignage de diverses personnes qui ont visité le continent africain, soit par un motif de curiosité, soit dans le dessein d'y faire le commerce des esclaves. Ces personnes ont été examinées par le comité de la chambre des communes, qui a employé trois ans à cet examen. Elles ont été soumises en outre à un contre-interrogatoire que leur ont fait subir les personnes intéressées dans le commerce des Noirs. Et ici nous croyons devoir observer que, bien que les faits affligeans que nous allons rapporter ne soient relatifs qu'à la Traite exercée par des sujets anglais avant l'acte parlementaire qui l'a abolie, ils n'en sont pas moins applicables à la Traite en général, par quelque nation qu'elle soit exercée. Qu'importe, si le résultat est le même, que ce soient des Anglais, des Français, des Portugais, des Espagnols ou des Hollandais qui se livrent à ce criminel commerce ? La nature humaine ne se ressemble-t-elle pas partout ? Les maux de la Traite ne sont pas éventuels ; ils sont

---

* Résumé des Interrogatoires relatifs à la Traite, qui ont eu lieu devant le comité général de la chambre des communes, en 1789 et 1790.

inséparables de la Traite même. Pour s'en convaincre, il n'y a qu'une seule réflexion à faire. Il s'agit dans la Traite de l'acquisition d'une marchandise qui doit être revendue ensuite avec bénéfice; or, cette marchandise, ce sont des créatures semblables à nous, ce sont des hommes, des femmes et des enfans. Peut-on douter que ceux qui font métier de vendre ces infortunés aux avides Européens ne mettent en usage tous les moyens, même les plus atroces, pour se procurer les articles de ce commerce odieux? L'Ecriture nous apprend que, dès qu'un marché d'hommes fut ouvert en Egypte, les frères de Joseph s'emparèrent de lui et le vendirent à des marchands égyptiens. Lorsque des marchés semblables s'ouvrirent dans l'Asie et dans l'ancienne Grèce, la terre et la mer, dit l'histoire, se couvrirent à l'instant de pirates et de brigands qui saisissaient leurs imprudentes victimes et trafiquaient de leur liberté. Et en effet, partout où l'homme sera assimilé à une marchandise, il n'y a pas de crimes que la cupidité ne commette pour se procurer cette marchandise. Le parlement britannique se convainquit si bien de cette vérité par toutes les preuves soumises à son examen, qu'il déclara qu'en qualité d'hommes et de chrétiens, on ne pouvait plus long-temps tolérer la Traite. Nous devons, au reste, faire observer encore que, dans cet ouvrage, nous n'avons parlé que de cette partie de la Traite dont l'Afrique et les navires négriers sont le théâtre : nous n'avons rien dit des cruelles souffrances auxquelles les malheureux Noirs sont soumis après leur transport dans les colonies européennes des Indes occidentales.

TABLE DES MATIÈRES.

LE CRI DES AFRICAINS.

CHAPITRE PREMIER.

Diverses Manières dont les Africains sont réduits en Esclavage. Pourquoi les Habitans de l'Intérieur des Terres sont plus civilisés que ceux des Côtes.

LA plupart des esclaves que les Africains vendent aux Européens sont des prisonniers de guerre. Selon Mungo Park, les guerres en Afrique sont de deux espèces : les premières sont, comme celles d'Europe, des guerres publiques, et sont précédées d'une déclaration préalable. Le même voyageur observe que ces sortes de guerres sont ordinairement terminées en une seule campagne. Les deux partis livrent bataille. Jamais les vaincus ne songent à se rallier. Ils s'abandonnent à une terreur panique et fuient en désordre ; les vainqueurs n'ont alors d'autre peine que de faire des prisonniers et de les emmener dans leur pays, d'où, lorsqu'ils en ont l'occasion, ils les font passer dans les marchés d'esclaves. Il y a une autre espèce de guerre : on la nomme *Tégria*, dans le langage des Africains, c'est-à-dire, *vol, pillage*. Ces sortes d'expéditions, qui ne sont précédées d'aucune déclaration, consistent à voler des hommes, et c'est cette dernière espèce de guerre qui alimente en grande partie la Traite. Ces expéditions ont plus ou moins d'étendue selon les circonstances. Ordinairement elles se composent de quatre ou cinq cents hommes à cheval, armés d'arcs et de flèches. Ils se cachent derrière les arbres jusqu'à ce que quelque créature faible et désarmée vienne à passer. Alors, semblables à des tigres, ils se précipitent sur leur proie, la conduisent au fond des bois, et, quand la nuit arrive, l'emmènent en esclavage.

" Ces sortes d'expéditions," dit Mungo Park, " sont ordinairement conduites avec le plus grand secret. Quelques individus déterminés, commandés par un homme courageux et entreprenant, s'avancent en silence à travers les bois, fondent, pendant la nuit, sur quelque village sans défense, et en emmènent les habitans avec tout ce qui leur appartient, avant que leurs voisins puissent les secourir. Un matin, pendant que j'étais à Kamalia, un parti de cette espèce nous jeta tous dans la plus grande alarme. C'était le roi des Foulahs qui, à la tête de 500 cavaliers, s'était avancé secrètement à travers les bois au sud de Kamalia, et, dans la matinée avait pillé trois villages appartenant à Madigaï, chef puissant de la nation de Jallonkadoo.

" Ce succès encouragea le gouverneur de Bangassi, village des Foulahs, à faire une semblable irruption dans une autre partie du même pays. Ayant réuni environ 200 de ses sujets, il passa pendant la nuit la rivière Kokow, et emmena un grand nombre de prisonniers. Plusieurs habitans qui avaient échappé à ses attaques, et qui s'étaient réfugiés dans les bois, dans les vallées et sur les montagnes, tombèrent ensuite entre les mains des *Mandingues.* Ces barbares expéditions produisent toujours de funestes représailles ; quand on ne peut réunir pour ce dessein une troupe considérable, un petit nombre d'amis se concertent entre eux, et s'avancent sur le territoire ennemi, dans la vue d'y surprendre quelques habitans et de les emmener en esclavage. Les marchés d'esclaves offrent aux habitans les moyens d'utiliser leurs vengeances, et c'est ainsi que se perpétuent des haines héréditaires de nation à nation, de tribu à tribu, de village à village, et souvent même d'une famille à une autre."

Tels sont les moyens employés pour procurer des esclaves aux Européens, dans tous les pays qu'a traversés, Mungo Park; mais *le Résumé des Interrogatoires relatifs à la Traite*, imprimé par ordre du parlement britannique, nous prouve que ces expéditions, appelées *Tégria*, sont en usage dans toutes les autres parties du continent Africain où ce célèbre voyageur n'a pas pénétré. Nous y trouvons que lorsque les chefs ou petits rois du pays ont besoin de quelques marchandises d'Europe, ils envoient leurs soldats s'emparer de leurs propres sujets; ces soldats attaquent un village pendant la nuit; quelquefois ils y mettent le feu pour augmenter la confusion, et, tandis que les habitans cherchent à échapper aux flammes, c'est alors qu'on s'empare de leurs personnes. Il est prouvé que des troupes armées se réunissent pour exercer le même brigandage, tant par terre que par mer. Ils prennent tout ce qu'ils rencontrent, hommes et choses, qu'ils transportent chez eux. Quand ces expéditions n'ont que peu d'étendue et d'importance, elles prennent le nom de *Panyar;* ce dernier nom est surtout en usage sur les côtes, particulièrement sur la côte d'Or. Il répond au mot *Tégria*, plus usité dans l'intérieur du continent.

De ce que ces excursions barbares ont des noms spéciaux qui les désignent, on peut en conclure leur fréquence et leur notoriété. Mais avant de continuer les détails des autres moyens mis en usage pour procurer des esclaves aux Européens, qu'il nous soit permis de nous arrêter un moment, pour faire une ou deux observations sur ce qu'on vient de lire. Les hommes intéressés dans la Traite ont allégué, pour leur justification, qu'il faut attribuer les guerres d'Afrique non au désir de faire des prisonniers pour les vendre, mais au caractère féroce de ces peuples. Nous accordons que quelques guerres publiquement déclarées ne sont pas entreprises dans cette intention avouée ; mais peut-on douter que ces excursions dont nous avons parlé plus haut, n'aient leur origine dans la Traite? Les noms seuls de Tégria et Panyar qui signifient vol et brigandage, donnés vulgairement et spécialement à ces excursions, suffiraient pour lever tous les doutes à cet égard. Nous avons observé plus haut que cette espèce d'excursions est la source la plus productive de la Traite. Ajoutez à cela un fait important, fourni par le *Résumé des Interrogatoires*, fait qui a été pleinement confirmé, savoir que la fréquence de ces criminelles expéditions est en raison du nombre des navires négriers qui sont à l'ancre sur la côte. Qu'on nous permette d'observer qu'il ne faut pas juger des guerres de l'Afrique par les guerres de l'Europe. Les premières sont signalées par une bien plus grande cruauté, enfantée par l'esprit de représailles qui anime les deux partis rivaux ; et cet esprit, c'est la Traite qui l'a fait naître : aussi ces guerres sont-elles horriblement destructives et meurtrières ; car on y tue tout ce qui est trop vieux pour être fait esclave. Ce qui les distingue d'une manière plus déplorable encore des autres guerres, c'est que rien ne peut en faire prévoir le terme, et c'est là leur plus grand mal. Ah ! quel est l'Européen qui, voyant envahir sa patrie par les phalanges ennemies, n'a pas dit dans son cœur que la guerre est le plus grand des fléaux qui puissent affliger la malheureuse humanité, et ne s'est pas flatté de l'espoir que ce fléau aurait une fin ! Et en effet, ce qui fait qu'on supporte un mal, c'est qu'on espère en voir le terme. De quelle déchirante compassion ne devons-nous donc pas être touchés pour ces malheureux enfans de l'Afrique, sur la tête desquels plane une éternelle désolation, et qui n'ont que peu ou point d'espoir de voir finir leurs malheurs ! Le Temps marche inutilement pour eux ; toujours il amène à sa suite les mêmes calamités. Pour eux seuls, l'infortune est stationnaire ; et, tant que la Traite sera exercée, l'Europe et l'Afrique ne cesseront de voir naître dans leur sein, la première, de nouvelles générations d'oppresseurs, la seconde, de nouvelles générations d'opprimés.

Mais il ne suffit pas aux marchands d'esclaves d'exciter et de fomenter ces cruelles hostilités, pour satisfaire leur odieuse cupidité. Leurs visites sur le continent Africain leur ont fait trouver de nouveaux moyens de satisfaire leur avarice, et d'accroître les calamités des naturels du pays. Ils ont corrompu parmi eux l'administration de la justice, et cette corruption leur a valu de nouvelles victimes. Lorsque ce continent fut visité pour la première fois par les Européens,* les punitions étaient légères, et le génie simple et naturel des habitans les avait proportionnées aux fautes. Mais depuis, on accommoda la jurisprudence Africaine aux demandes des négriers, de sorte que, maintenant, toutes les fautes, mêmes les plus légères, sont punies de l'esclavage. Le crime imaginaire de *sorcellerie* est celui qui fournit en ce genre aux chefs du pays les profits les plus abondans, d'abord, parce que la manière de procéder est facile dans un genre de cause qui n'admet aucune preuve raisonnable, ensuite, parce que la condamnation entraîne alors la vente de toute la famille de l'accusé.

Voici comme on procède. L'accusé est soumis à ce qu'on appelle *l'épreuve de l'eau rouge*. S'il boit l'eau qu'on lui présente, sans éprouver de douleur, il est déclaré innocent; si, au contraire, ce qui est le plus ordinaire, parce que l'eau est empoisonnée, l'accusé tombe malade, ou meurt, sa famille est alors vendue aux Européens, ainsi que lui lorsqu'il ne meurt pas de l'épreuve. Cette espèce de jugement est la plus affreuse de toutes, parce qu'elle cause la mort d'un grand nombre d'accusés. Un témoin oculaire a déposé devant le parlement britannique, qu'il avait

---

* Voyez Nyandael et Artus de Dantzic, dans *l'India orientalis*, édition de Bry; voyez aussi Bosman, Barbot, Moore et autres.

vu un jour le roi de Sherbro mettre à mort six persounes de cette manière, par suite d'une accusation dirigée contre elles. Ainsi voilà six personnes privées de la vie, et six familles condamnées aux horreurs d'une captivité lointaine. Ces sortes d'accusations sont fondées sur une opinion superstitieuse que les négriers s'attachent avec soin à propager et à perpétuer parmi les naturels du pays. Ils leur ont persuadé que ceux qui meurent sont victimes de quelque maléfice jeté sur eux. Quelle immense carrière ouverte par ce moyen à la cupidité! Malheur à l'habitant qui s'est acquis quelque bien! Malheur à celui qui possède une nombreuse famille, dont la vente promet un gain considérable! Ils n'échapperont pas à l'œil perçant d'un chef avide. Il a été prouvé, dans un des districts maritimes, que le tiers des malheureuses victimes, exportées comme esclaves, ont été vendues pour crime de sortilége. On doit bien s'imaginer aisément que, pour procurer un plus grand nombre de condamnations, des crimes sont forgés, et les accusations multipliées, et que, souvent, dans ce même but, des malheureux sont conduits au crime par des agens provocateurs. Le *Résumé des Interrogatoires* est rempli de faits de cette nature les plus déplorables.

Au nombre des causes qui amènent l'esclavage parmi les Africains, Mungo Park compte la famine. On a vu des habitans se vendre eux-mêmes pour obtenir des alimens, et d'autres ont vendu leurs enfans pour le même objet. Quant à cette espèce d'esclaves, peu de mots suffiront. Bien que la famine produise ce déplorable effet, cependant, si nous en croyons Mungo Park et les autres voyageurs, c'est à la Traite qu'il faut en attribuer la cause première, parce que c'est la Traite qui produit les circonstances d'où naît cette nouvelle espèce d'esclavage. La fréquence des excursions connues sous les noms de *Tégria* ou *Panyar*, les accusations fausses, les condamnations arbitraires, les provocations au crime, toutes ces causes réunies ont contribué à arrêter, dans ces contrées, les progrès de la culture. L'Africain qui n'a aucune sécurité pour sa personne, n'est pas disposé à cultiver plus de terrain qu'il ne lui en faut pour sa subsistance. Il ignore, lorsqu'il confie ses semences à la terre, s'il sera encore dans son pays pour recueillir le fruit de ses travaux. Il a donc peur d'avoir travaillé inutilement. Ajoutez, que les expéditions meurtrières, appelés *Tégria*, entraînent la destruction non-seulement des villages attaqués, mais encore des champs de riz qui en dépendent; de sorte que les malheureux habitans qui, en fuyant dans les bois, ont échappé à l'esclavage et à la mort, ne trouvent plus rien pour se nourrir à leur retour.

Mungo Park range encore, parmi les causes de l'esclavage, les dettes ou l'insolvabilité. Ici, comme dans la punition des délits, on remarque, avec douleur, combien on a indignement perverti les lois originaires de ce malheureux continent. On voit que les chefs du pays ont adapté les coutumes et les lois aux intérêts de la Traite. En Afrique, le créancier a le droit, non-seulement de vendre comme esclave son débiteur, mais, si ce dernier se dérobe à ses poursuites, il peut vendre quelque membre de sa famille, ou s'il n'en trouve pas, il peut saisir au hazard un habitant du même village que son débiteur, et se payer par sa vente. Les capitaines des vaisseaux négriers européens ont encore un autre moyen de s'assurer du payement de ce qui leur est dû. Ils confient des marchandises à des facteurs noirs qui les transportent dans l'intérieur des terres et qui doivent revenir avec un nombre déterminé d'esclaves. Cependant les capitaines ont soin de se faire remettre par le facteur, plusieurs de ses enfans ou d'autres membres de sa famille, formant la valeur des marchandises confiées; ils les prennent en ôtage à bord de leurs propres navires, et si les stipulations ne sont pas rigoureusement remplies, ils ont le droit de les emmener comme esclaves. Alors les facteurs commencent leur tournée. Ils mettent dans leurs opérations toute la promptitude possible; l'amour de leur famille est pour eux un stimulant puissant qui les excite à ne pas perdre de temps et à revenir à l'époque désignée. Mais hélas! il arrive bien souvent qu'ils sont eux-mêmes pris dans leur voyage et vendus comme esclaves. Ainsi, tandis qu'un navire les entraîne à un cruel esclavage, un autre navire emmène leur famille innocente et infortunée. Mais nous ne finirions pas si nous voulions raconter tous les actes de fraude, de violence, d'injustice, consignés dans le *Résumé des Interrogatoires relatifs à la Traite* et qui servent à alimenter ce commerce odieux. Qu'on se figure quelle doit être leur effrayante efficacité, puisqu'il a été prouvé que le nombre des esclaves transportés d'Afrique aux Indes occidentales, s'élevait de soixante-mille à cent mille par année.

Mais ici une question se présente : c'est un fait universellement reconnu, dit-on, que les habitans de l'intérieur des terres sont plus doux, plus honnêtes, plus industrieux et généralement plus civilisés que les habitans des côtes. Pourquoi cette différence ?

Arrêtons-nous un instant pour résoudre cette importante question dont la solution doit jeter un nouveau jour sur le caractère des Africains et sur celui des négriers d'Europe.

La réponse nous paraît se présenter d'elle-même.

Les habitans de l'intérieur font eux-mêmes leur commerce d'esclaves. Ils ne connaissent pas les Européens. Ils savent seulement qu'à une grande distance de leurs cantons il existe des marchés où les esclaves qu'ils ont vendus sont vendus de nouveau à des navires étrangers. Mais ils ne voient point ces navires ; ils ignorent l'endroit et l'époque où ils arrivent. Nul doute que la connaissance qu'ils ont de l'existence de ces marchés ne soit pour eux un motif puissant pour saisir toutes les occasions qu'ils peuvent trouver de satisfaire leur vengeance ou leur cupidité ; mais comme ils n'ont point, parmi eux, comme les habitans des côtes, des négriers d'Europe qui les corrompent et excitent leurs passions cruelles par des liqueurs fortes et autres moyens atroces, ainsi que par des excès de tout genre, il en résulte que la Traite n'a jamais, parmi eux, un cours forcé, et se maintient toujours, à peu-près, dans la même proportion. Aussi les expéditions barbares, dont nous avons parlé, bien que trop fréquentes encore dans l'intérieur, sont-elles rares en comparaison de celles qui ont lieu sur les côtes. Elles sont plus fréquentes sur les frontières des divers états, mais beaucoup moins parmi les membres d'une même tribu. On peut en dire autant des Panyar ou expéditions particulières de quelques individus. Joignez à cela que les accusations qui n'ont pour but que de réduire l'accusé en esclavage, ont rarement lieu dans l'intérieur des terres. Il y a, conséquemment, moins de crimes et plus de sécurité personnelle; voilà pourquoi les habitans de l'intérieur sont plus doux et moins féroces que ceux des côtes; voilà pourquoi aussi la culture y est plus générale et mieux entendue.

D'un autre côté, la Traite, à l'embouchure des rivières et sur les côtes de la mer, est conduite par les Européens eux-mêmes. Les naturels ont sous les yeux les navires de ces derniers. Ils les voient chargés des articles adaptés à leurs besoins, dans la vue de recevoir, en échange, des hommes, des femmes et des enfans. Là est la tentation. Là, ils ont sous les yeux les objets que convoitent leurs désirs. A peine un de ces fatals navires a-t-il jeté l'ancre, aussitôt en sortent la convoitise, l'avarice, la haine, la vengeance, et toutes les passions funestes qui agitent le cœur humain; l'arrivée d'un navire négrier est un appel à tous les crimes. Heureux alors celui qui peut trouver son salut dans la fuite! Alors commencent les épreuves de l'eau empoisonnée, les *Tégria*, les *Panyar*, et toutes les expéditions incendiaires. Un témoin, interrogé par le parlement britannique, a déposé que, dans de telles circonstances, les habitans ne sortaient jamais qu'armés. Il demanda à l'un d'entre eux pourquoi il portait des armes sur lui, pendant qu'on n'était pas en guerre. La réponse fut silencieuse mais expressive. L'Africain lui montra du doigt au navire négrier qui était à l'ancre près de là. Et ici nous ferons une remarque importante, c'est que les négriers européens ne font jamais aucune question pour s'informer si les esclaves qu'on leur livre, ont été légalement ou illégalement obtenus. Quelques-uns d'entre eux sont franchement et hardiment convenus devant le parlement, qu'ils achetaient indistinctement tous ceux qu'on leur présentait, sans s'informer nullement de la manière dont ils avaient été faits esclaves, ni du droit qu'avait le vendeur de disposer de leur personne. " Il suffit, disaient-ils, que les habitans nous les vendent, pour que nous les achetions."

Heureux pour des milliers d'Africains si le fléau de la Traite avait été abandonné à son cours naturel, et si les négriers d'Europe ne lui avaient pas communiqué une coupable impulsion par l'emploi des moyens les plus honteux et les plus criminels! Mais, hélas! que peut-on attendre d'hommes qui quittent leur pays pour arracher des hommes comme eux de leur terre natale, et spéculer sur leur esclavage? Est-il probable que de tels hommes seront scrupuleux dans le choix des moyens qui peuvent les conduire à leur but? Les faits, comme nous allons le prouver, ne justifient que trop cette appréhension!....Il est reconnu que les peuples barbares ont tous un goût excessif pour les liqueurs fortes, que ce goût s'accroît par l'usage, et finit par devenir une invincible habitude. C'est ici que nous allons voir, dans toute sa hideuse laideur, la conduite des négriers d'Europe envers les malheureux enfans de l'Afrique. Ces hommes trop instruits de cette déplorable faiblesse des naturels du pays, n'ont pas manqué de la faire servir à leurs coupables intérêts. Ils donnèrent des repas aux chefs du pays, et après les avoir enivrés, à la faveur de cette ivresse, ils tirèrent d'eux des ordres cruels pour diriger des expéditions militaires contre leurs propres sujets. Mais ces moyens ne sont pas les seuls que les négriers aient mis en usage: ils en ont employé d'autres, non moins vils, non moins funestes. Ils ont soufflé le feu de la discorde entre les chefs des états voisins, quoiqu'ils vécussent en amitié avec chacun d'eux. Lorsqu'ils ont trouvé des semences de querelles déjà existantes entr'eux, il les ont cultivées et entretenues, sachant trop bien que, de quelque part que se rangeât la victoire, la guerre se terminerait à leur avantage. Pour mettre les deux armées en état de combattre l'une contre l'autre, ils leur ont fourni à toutes deux des armes et des munitions. Alors ils restaient tranquilles spectateurs du combat, et quand tout était terminé, ils se faisaient payer de leurs avances, en recevant à leur bord les prisonniers des deux partis. Mais, ce n'est pas tout. Quand l'homme s'est une fois familiarisé avec le crime, qui peut prévoir où il s'arrêtera? Lorsqu'il a une fois secoué le joug de la morale, qui peut le retenir? Les négriers d'Europe ont poussé l'audace et la perversité jusqu'à enlever eux-mêmes les habitans, lorsqu'ils ont cru pouvoir le faire sans danger, sans être découverts, et sans avoir à craindre des représailles. Combien de fois n'ont-ils pas saisi des canots isolés dans les rivières et sur la côte? Les malheureux qui s'y trouvaient étaient pris et emmenés aux Indes occidentales, patrie de l'esclavage.

Ah! s'il en est ainsi, faut-il s'étonner de voir si peu d'industrie parmi les habitans des côtes! Faut-il s'étonner de les voir si peu avancés dans la carrière de la civilisation! L'auteur de l'histoire de la Jamaïque, M. Bryan Edwards, bien qu'en sa qualité de planteur il ait cru devoir se prononcer contre l'abolition de la Traite, a eu la franchise de convenir que, grâce à la Traite, une grande partie du continent Africain n'est qu'un vaste champ de carnage et de désolation, une forêt où les habitans se déchirent entr'eux, un théâtre de fraude, de pillage, d'oppression, et de sang; et ce tableau, dit-il, il le tient de ses propres esclaves, tirés d'Afrique.— Quelles douloureuses réflexions fait naître ce hideux tableau, qui n'est que trop conforme à ce que nous avons établi plus haut!....Mais combien cette douleur s'accroît, lorsque l'on réfléchit que toutes ces atrocités sont dues à des hommes qui osent s'appeler chrétiens!......

CHAPITRE II.

Moral et Intellect des Africains, Réfutation de l'Argument tiré de la prétendue infériorité de leur Nature. Pourquoi les Africains sont au-dessous de quelques Peuples dans l'Echelle de la civilisation.

Ainsi, 60 à 100 mille hommes sont tous les ans arrachés à leur patrie, à leur famille, à leurs amis, et transportés, sans espoir de retour, dans des contrées lointaines, condamnés eux et leur postérité à travailler éternellement au profit des tyrans qui les oppriment. Si ces malheureux Africains sont des hommes comme nous, s'ils ont les mêmes passions que nous, s'ils pensent et sentent comme nous, ils ont des droits à notre compassion. Nous souffrons quand nous entendons les cris douloureux de quelque animal, et nous nous sentons émus de pitié ; il y a quelque chose en nous qui nous dit qu'il y a de l'analogie entre la douleur dont nous sommes témoins, et celles que nous souffrons nous-mêmes. Se peut-il donc que nous voyons tant de maux accumulés sur une nation innocente et inoffensive, sans prendre intérêt à ses souffrances, sans plaider la cause de son infortune ?

Les négriers ayant la conscience de leurs crimes, et entendant la voix de la nature s'élever contre eux, ont, dès long-temps, préparé des argumens pour leur justification. Ils n'ont pas trouvé d'autre moyen d'excuser leur conduite qu'en avançant, ce qu'ils continuent encore de faire, que les Africains sont d'une nature différente de la nôtre, qu'ils n'ont point les facultés et les sentimens qui sont le partage de l'homme, et qu'enfin il faut les ranger dans la classe des brutes. Ils ajoutent, pour prouver leur assertion, que, depuis plusieurs siècles que l'Afrique est connue et visitée, les habitans de ce continent n'ont point fait, dans la civilisation, les mêmes progrès que les autres peuples. Pour réfuter leurs argumens, nous nous contenterons d'en appeler à l'autorité des voyageurs célèbres qui, dans le seul intérêt de l'humanité et de la science, ont visité ce vaste continent. Voyons d'abord s'il est vrai que les Africains n'aient aucun caractère moral.

" Le caractère violent des Féloops," dit Mungo Park, " est contrebalancé par beaucoup de qualités excellentes. Ils montrent pour ceux qui leur font du bien, beaucoup d'affection et de reconnaissance, et ils sont d'une fidélité remarquable dans tout ce qui leur est confié." "L'amour de la vérité est l'une des premières leçons qu'une mère Mandingue donne à son fils. Le lecteur se rappelle cette mère infortunée dont le fils avait été tué par les Maures à Funingkedy, Sa seule consolation dans son malheur était de penser que, pendant tout le cours de sa vie, son fils n'avait pas une seule fois trahi la vérité." "Il est à remarquer que l'Africain pardonne plus facilement les mauvais traitemens qu'on lui fait subir, que les injures qu'on adresse à ses parens. '*Frappe-moi, mais respecte ma mère,*' est une expression souvent dans la bouche de ce peuple."

Quant à leur sensibilité et à leur affection mutuelle écoutons encore Mungo Park :

" Sur les deux heures nous découvrîmes Jumba, le lieu natal du forgeron," (c'est le noir qui accompagnait Mungo Park). " Il l'avait quitté depuis plus de quatre ans. Bientôt son frère, qui était instruit de son arrivée, vint à sa rencontre, accompagné d'un chanteur. Il amenait un cheval pour son frère, afin qu'il put faire une entrée distinguée dans le lieu de sa naissance ; en même temps, il nous témoigna qu'il désirait que nous chargeassions nos fusils. Le chanteur ouvrait la marche ; il était suivi des deux frères ; nous fûmes bientôt joints par un grand nombre d'habitans du village. Tous, témoignaient par la joie la plus folle, accompagnée de chants et de danses, combien ils étaient heureux de revoir leur concitoyen. Quand on arriva au village, le chanteur commença un chant improvisé en l'honneur du forgeron. Dans cet espèce d'hymne, il le louait du courage avec lequel il avait surmonté tant d'obstacles, affronté tant de périls, et il terminait en exhortant ses amis à lui préparer un festin splendide.

" Quand nous fûmes arrivés à la maison du forgeron, nous mîmes pied à terre, et nous fîmes une décharge de nos armes à feu. Son entrevue avec ses parens fut signalée par la plus touchante tendresse. Car ces simples enfans de la nature, libres de toute contrainte, déploient leurs émotions par les démonstrations les plus expressives. Au milieu de ces transports, on amena sa vieille mère, appuyée sur un bâton. Chacun s'écarta pour la laisser passer. Elle tendit la main à son fils. Comme elle était entièrement aveugle, elle toucha, avec une tendre anxiété, ses mains, ses bras et son visage. Elle paraissait heureuse de voir le retour de son fils consoler ses derniers jours, et d'entendre encore une fois le doux son d'une voix si chère. J'éprouvai dans cette entrevue que, si la nature a mis quelque différence entre les hommes dans la conformation du visage, ou la couleur de la peau, elle n'en a mis aucune dans l'expression des sentimens naturels qu'elle a déposés dans tous les cœurs."

Veut-on des exemples de leur hospitalité et de leur humanité pour les voyageurs qui ont besoin de leurs secours? écoutons encore le même voyageur.

" Le matin," dit-il, " tandis que j'étais assis par terre, ne sachant quel parti prendre" (ceci se passait dans le royaume de Kajaaga) " une vieille esclave vint à passer, ayant un panier sur sa tête : elle me demanda si j'avais à dîner.

" Croyant qu'elle voulait se moquer de moi, je ne lui fis aucune réponse. Mais l'enfant qui était assis près de moi, répondit pour moi et lui apprit que j'avais été dépouillé de tout mon argent par les gens du roi. A ce récit, cette vieille femme, jetant sur moi un regard plein de compassion, ôta son panier de dessus sa tête et, me montrant qu'il contenait des noix de terre, me demanda si je voulais en manger. Sur ma réponse affirmative, elle m'en présenta quelques poignées, puis elle s'en alla avant que j'eusse eu le temps de lui adresser quelque remercîmens pour ce secours qui me venait si à propos. Cette circonstance, quelque petite qu'elle soit, ne laissa pas que de me causer une joie toute particulière. Je réfléchis avec plaisir à la conduite touchante de cette pauvre esclave qui, sans s'informer de ce que j'étais ou des autres circonstances qui me concernaient, suivit à mon égard le mouvement spontané de son cœur. Hélas! elle savait par son expérience que la faim est un tourment douloureux, et le malheur lui avait appris à avoir pitié des malheureux."

Voici comment Mungo Park s'exprime dans une autre occasion. Il était alors près de Ségo. "Je fus obligé, dit-il, de m'asseoir au pied d'un arbre, sans avoir rien à manger. La nuit menaçait d'être orageuse. Déjà le vent commençait à s'élever, et tout annonçait une pluie abondante. D'ailleurs, les animaux sauvages sont en si grand nombre dans les environs, que j'aurais été obligé de monter sur l'arbre et de passer la nuit sur les branches. Sur le soir, tandis que je me préparais à passer la nuit de la sorte, et que déjà j'avais détaché mon cheval pour qu'il pût paître en liberté, une femme revenant des travaux de la campagne, s'arrêta pour m'observer; remarquant mon air fatigué et abattu, elle s'informa de ma situation. Je l'en instruisis en peu de mots. Alors, jetant sur moi un regard où se peignait la compassion la plus vive, elle prit ma bride et ma selle, et me dit de la suivre. Elle me conduisit dans sa hutte, alluma une lampe, étendit à terre une natte, me dit que c'était là que je pouvais passer la nuit, et, voyant que j'avais faim, elle ajouta qu'elle allait me chercher à manger.

Effectivement, elle sortit et revint bientôt avec un très-beau poisson, le fit griller légèrement sur des cendres chaudes, et me le donna pour mon souper. Après avoir ainsi rempli les devoirs de l'hospitalité envers un étranger malheureux, ma respectable hôtesse me montra la natte du doigt et me dit que je pouvais dormir là en toute sécurité ; puis, s'adressant aux autres femmes de sa famille qui étaient occupées à me regarder avec étonnement, elle leur dit de reprendre leur travail qui consistait à filer du coton ; elles continuèrent en effet cette tâche une grande partie de la nuit. Elles entremêlaient des chants à leurs travaux. J'en remarquai un entr'autres qu'elles improvisèrent et dont j'étais moi-même le sujet. Une jeune fille chantait seule et, de temps en temps, toutes les autres joignaient leurs voix à la sienne en forme de chœur. Ce chant était modulé sur un air doux et plaintif. J'en ai retenu les paroles, dont voici la traduction littérale.

« Le vent mugit dans les airs," chantait la jeune fille :
« la pluie tombe à flots précipités. Le pauvre homme blanc,
« faible et abattu, est venu s'asseoir sous notre palmier.
« Hélas! il n'a point de mère pour lui présenter du lait,
« point d'épouse pour lui moudre son grain !

LE CHŒUR.

« Prenons pitié du pauvre homme blanc ! Il n'a point
« de mère pour lui présenter du lait, point d'épouse pour lui
« moudre son grain !"*

---

* Les souvenirs de l'hospitalité antique n'ont rien de plus touchant que cette hospitalité africaine.

Cette innocence, cette simplicité de mœurs forment un tableau charmant. On se croit, pour un moment, transporté sous les tentes de cédar, sous la demeure hospitalière des patriarches, et l'on croit encore entendre la douce voix de Rachel. C'est ce charme que nous avons essayé de faire passer dans la romance suivante. C'est une imitation de celle que Mungo Park met dans la bouche de ses hôtesses. Ces

" Quelle que soit l'opinion du lecteur sur cette chanson si simple, dans la situation où je me trouvais elle excita en moi

---

chants improvisés, ce doux penchant pour la poésie et l'harmonie, indiquent un peuple doux, humain et susceptible de rapides progrès dans la civilisation. Souvent, sur les vaisseaux négriers qui les entraînent vers un lointain esclavage, on les entend chanter leur douleur sur un ton lugubre et adresser un dernier adieu à leur riante patrie! Hélas! ces chants ne peuvent adoucir leurs cruels bourreaux. Orphée fut heureux de n'avoir à fléchir que les divinités infernales; s'il eût eu à faire aux négriers d'Europe, ils l'eussent vendu lui et sa lyre harmonieuse, et tout l'avantage qu'il eût eu sur ses compagnons d'infortune, c'eût été d'être vendu un peu plus cher.

Chant des Femmes Africaines pendant le Sommeil de MUNGO-PARK.

ROMANCE.

UNE JEUNE FILLE.

Le vent mugit; la foudre gronde;
La pluie à grands flots retentit;
Du torrent qui roule son onde,
Mes sœurs, entendez-vous le bruit?
Traînant son corps pâle et débile,
De faim, de fatigue affaibli,
A l'ombre du palmier fleuri
L'homme blanc demande un asile.

LE CHŒUR.

Ah! rassurons son cœur tremblant!
Prenons pitié du pauvre blanc!

LA JEUNE FILLE.

Le pauvre blanc, dans sa misère,
Au loin exilé sans retour,
Auprès de lui n'a plus sa mère
Pour le couvrir de son amour.
Pauvre homme blanc! ta jeune amie
N'est pas là pour te secourir!
Pauvre homme blanc! tu vas mourir
Loin du soleil de ta patrie!......

LE CHŒUR.

Ah! rassurons son cœur tremblant!
Prenons pitié du pauvre blanc!

(*Note du Traducteur.*)

une émotion impossible à décrire. Cette bienveillance si douce et si inespérée m'attendrit jusqu'aux larmes. Je ne pus fermer l'œil de la nuit et, le lendemain matin, lorsque je pris congé de ma bienfaisante hôtesse, je lui présentai deux des quatre uniques boutons qui restaient encore à mon gillet, seul présent que je pusse lui faire pour payer une hospitalité si touchante."

Nous croyons en avoir dit assez sur le moral des Africains. Venons maintenant à leur intellect. Selon Mungo Park, " dans tous les villages un peu considérables des Mandingues, il y a un magistrat dont la charge est héréditaire, et dont les fonctions consistent à entretenir l'ordre, à percevoir les droits sur les voyageurs, et à présider toutes les assemblées qui ont pour but l'exercice de la juridiction locale et l'administration de la justice. Toutes ces procédures ont lieu en plein air et avec une solennité convenable. Ces cours appelées *Palavers* sont composées des anciens du village. Les deux parties de la cause sont librement discutées, les témoins entendus publiquement et les décisions qui s'ensuivent obtiennent généralement l'approbation du public qui compose l'auditoire."

Le même voyageur dit en parlant de Ségo, que cette ville a environ 30,000 habitans. " L'aspect de cette ville immense, les canots nombreux qui couvrent la rivière, cette vaste population, les campagnes cultivées qui entourent la ville forment le tableau animé d'une civilisation et d'une magnificence qu'on ne s'attendrait pas à trouver dans le sein de l'Afrique."

Nous extrairons de son journal les passages suivans dans lesquels il parle de l'industrie des Africains, ainsi que de leurs arts et de leurs manufactures. " Les blancs qui visitent les côtes considèrent les nègres en géneral et les Mandingues en particulier comme un peuple indolent et paresseux. Je pense qu'ils se trompent. Sans doute, la nature du climat est contraire à une grande activité. Mais certes, on a tort d'accuser d'indolence un peuple qui trouve, non dans les productions que fournit d'elle-même la nature, mais dans les fruits dus à son travail, le moyen de satisfaire ses besoins. Il y a peu d'hommes plus laborieux que les Mandingues, lorsque l'occasion l'exige: mais comme ils trouvent rarement l'occasion de disposer du superflu que leur a valu leur travail, ils se contentent de cultiver la quantité de terre qui leur est nécessaire pour vivre. Les travaux de la culture les occupent beaucoup pendant la saison des pluies et, pendant le temps des chaleurs, ceux qui habitent le bord des rivières, se livrent à la pêche: les autres vont chasser. Dans le temps que les hommes s'occupent ainsi, les femmes préparent le cotton qui doit composer leurs vêtemens. Elles commencent par le rendre propre à être filé, puis elles le filent avec des quenouilles. Le soin de le tisser est confié aux hommes: des mains des hommes, il retourne de nouveau dans celles des femmes qui le teignent d'une couleur bleue pleine de durée et d'éclat. L'étoffe est alors taillée pour en composer des vêtemens et les coûtures s'exécutent avec des aiguilles frabriquées dans le pays. Comme les talens de tisser, de teindre et de coudre, sont aisés à acquérir, ils ne constituent point en Afrique des professions particulières; car presque tous les hommes connaissent le tissage, et les enfans même savent coudre. Les seules professions formellement reconnues comme telles par les nègres, les seules auxquelles ceux qui les professent se livrent exclusivement, sont celles *de tanneur* et de *forgeron*. Les tanneurs sont appelés *Karrankea*. On en trouve dans presque tous les villages et ils voyagent souvent pour exercer leur métier. Ils tannent et préparent les peaux avec beaucoup de dextérité. Avec le cuir de bœuf, ils font des chaussures; avec les peaux de chèvres et de moutons ils font des carquois, des fourreaux pour les épées et les poignards, des ceinturons, des poches et un grand nombre d'autres objets: les peaux sont ordinairement teintes en bleu ou en jaune.

" Les forgerons ne sont pas aussi nombreux que les tanneurs. Ils paraissent se livrer à leurs travaux avec une égale activité. Comme les nègres des côtes sont fournis de fer par les marchands Européens, il n'est pas étonnant qu'ils n'aient pas encore essayé de se livrer eux-mêmes à la confection de cet important article. Mais il en est tout autrement dans l'intérieur des terres: on trouve certains endroits où on fond le fer en si grande abondance, que les habitans, après en avoir confectionné les armes et les instrumens qui leur sont nécessaires, en font encore un article de commerce avec les pays voisins. Pendant mon séjour à Kamalia, je sus qu'il y avait un fourneau à fondre la mine de fer à peu de distance de la hutte où je logeais. Le propriétaire et ses ouvriers ne firent aucune difficulté de me laisser voir leurs travaux. Ils me permirent d'examiner le fourneau, et de leur aider à becarder la mine de fer.

" Presque tous les forgerons Africains savent travailler l'or; ils lui donnent les formes les plus déliées et les plus légères, et en composent un grand nombre d'ornemens, dont quelques-uns sont exécutés d'une manière ingénieuse et pleine de goût."

Il n'est pas nécessaire de pousser plus loin ces extraits de Mungo Park, ni d'en appeler davantage à l'autorité du *Résumé des Interrogatoires relatifs à la Traite*, dont les faits coïncident parfaitement avec les détails fournis par ce célèbre voyageur. Nous croyons qu'il suffit de ce que nous avons dit pour réfuter cette coupable assertion des négriers d'Europe, que les Africains sont d'une nature inférieure à la nôtre. Nous avons prouvé qu'ils sont reconnaissans envers leurs bienfaiteurs, qu'ils se montrent fidèles dans la confiance qu'on leur témoigne, qu'ils ont dans le cœur l'amour de la vérité, qu'ils ne sont étrangers à aucun des sentimens doux et humains de notre nature, qu'ils sont capables de se gouverner, qu'ils possèdent des villes populeuses, commerçantes et civilisées, et enfin qu'ils savent exécuter, non-seulement les travaux et les métiers communs, mais encore ceux dont l'exercice exige du talent et du goût. Si donc les Africains entrent avec les Européens en partage du bienfait d'un caractère moral et intellectuel, quel est l'homme, à moins qu'il ne soit un trafiquant de chair humaine, qui refusera encore de voir en eux nos semblables et nos frères, enfans d'un même Dieu? Maintenant que nous croyons avoir réfuté la première partie de l'assertion des négriers, examinons cette autre partie de la même assertion par laquelle ils reprochent aux Africains de n'avoir pas fait de progrès dans la civilisation comme ont fait les autres peuples, bien que plusieurs siècles se soient écoulés depuis que leur continent est connu et visité. Cette seconde partie de l'assertion des négriers peuvent se subdiviser elle-même en deux parties distinctes. Dans l'une, on nie les progrès des Africains dans la civilisation. Dans l'autre, on les compare aux autres peuples pour proclamer leur infériorité relative. La première partie est déjà réfutée s'il est vrai que nous ayons prouvé que les Africains ont fait dans la civilisation des progrès considérables. Quant à la seconde, elle est en grand danger de subir le même sort, si nous examinons l'état où se trouvent, aujourd'hui même, beaucoup d'autres peuples de l'univers. Voyez les habitans indigènes des deux Amériques, ou plutôt leurs descendans. Voyez la nouvelle Hollande, ce nouveau continent qui égale l'Europe en étendue. Voyez Madagascar, Borneo, Sumatra, les îles de la mer Pacifique et de l'Archipel Indien. Les habitans de tous ces pays sont-ils dans un état de civilisation supérieur aux Africains de l'intérieur? Ne doit-on pas convenir au contraire que la plupart de ces peuples sont dans un degré de barbarie plus profond encore?

Mais, dira-t-on, ce n'est pas de ces peuples qu'on entend

parler. On compare seulement les progrès de la civilisation en Afrique, avec ces mêmes progrès en Europe. A la bonne heure. Nous prenons acte de cette concession, et c'est à ces dernières limites que nous réduisons l'assertion des marchands d'esclaves. Mais avant de répondre, qu'on nous permette de faire les deux questions suivantes. 1°. A quoi les Européens doivent-ils leurs lumières et leur civilisation? 2°. Les Africains ont-ils été favorisés par les mêmes circonstances?

Il n'est pas nécessaire pour résoudre ces questions de rechercher par quels moyens la première nation civilisée s'est élevée à cet état de supériorité sur les autres. Il nous suffit d'établir, comme un fait certain, en nous appuyant de l'autorité de l'histoire, que les nations barbares ont dû leurs lumières, moins à leurs progrès intérieurs et graduels, qu'à leurs communications avec des peuples déjà mieux éclairés. Sous ce rapport, les conquérans ont souvent été un bienfait pour les pays conquis. Le commerce a souvent eu des résultats également heureux, en introduisant dans des contrées encore barbares, les marchands et les citoyens d'une nation civilisée, lors toutefois que ces communications ont eu pour base la justice et l'avantage mutuel des peuples. L'Egypte dont les habitans, au rapport d'Hérodote, avaient l'épiderme noir et les cheveux crépus, l'Egypte a été la mère et la première patrie des connaissances humaines. C'est de l'Egypte que l'art de l'écriture et les élémens des sciences furent importés dans la Grèce qui était, à cette époque, beaucoup plus barbare que n'est aujourd'hui l'Afrique. Car on rapporte que ses habitans se nourrissaient de glands et ignoraient l'usage du feu; d'où nous pouvons conclure qu'ils ne savaient ni cultiver la terre, ni préparer leur nourriture. La Grèce, disciple de l'Egypte, favorisée par des circonstances heureuses, éleva bientôt l'intelligence humaine à la plus sublime hauteur; de la Grèce, la civilisation passa à Rome; et, cette maîtresse du monde, répandit sur l'univers conquis par ses armes, les connaissances qu'elle avait reçues dans les lettres, les arts et les sciences. C'est à elle que l'Espagne, la France et l'Allemagne doivent une partie des lumières dont elles jouissent aujourd'hui.

Cependant, au milieu de tous ces grands mouvemens de la civilisation universelle, quels avantages l'Afrique a-t-elle retirés? Quels conquérans ont importé chez elle le bienfait des lumières? Les Romains, il est vrai, ont possédé des colonies sur le continent africain; mais ils ne s'étaient rendus maîtres que des côtes de la Méditerranée. Quant à l'intérieur de ce continent, il leur était aussi inconnu que l'Amérique elle-même qui, alors, n'était pas encore découverte.

Un océan de sable couvrant l'espace de 300 lieues du sud au nord, et de plus du double de l'est à l'ouest, interdisait toute communication avec le peuple qui fait le sujet de cet ouvrage. Il est vrai encore qu'au cinquième siècle, les sectateurs de Mahomet occupèrent les provinces africaines qui avaient fait partie de l'empire Romain, et que, par la suite, quelques-unes de leurs tribus pénétrèrent dans quelques contrées de l'intérieur. Mais quels bienfaits pouvaient retirer les Africains de ces conquérans insolens et féroces, pour qui le fanatisme et l'intolérance étaient des dogmes, plongés eux-mêmes dans l'ignorance et la barbarie, et implacables ennemis de la science et de tous les progrès intellectuels? Mais, il y a plus; quels avantages l'Afrique a-t-elle retirés de son commerce avec des nations plus éclairées qu'elle? Elle n'en a retiré aucun. Il est vrai qu'elle a eu des relations qu'on a appelé commerciales avec des hommes qui, non-seulement appartenaient à des nations civilisées, mais encore se donnaient le nom de Chrétiens; mais, qui étaient ces hommes? Des *négriers*, c'est-à-dire, des scélérats qui auraient encouru la peine capitale s'ils avaient fait en Europe ce qu'ils faisaient en Afrique; en un mot, c'étaient des monstres et non des hommes. Malheureuse Afrique, depuis trois siècles qu'elle est fréquentée par les Européens, de n'avoir eu à communiquer qu'avec de pareils hommes ! Comment ces êtres, la honte de l'humanité, auraient-ils communiqué quelques bienfaits à ces déplorables contrées? Supposons une bande d'assasins et de pirates abordant dans une île et, par leur coupable adresse, engageant les habitans à se détruire les uns les autres, armant l'homme contre l'homme, amis contre amis, parens contre parens, dénaturant les bonnes institutions qu'ils trouveraient établies, pour les changer en instrumens d'injustice et de corruption; nous le demandons, les progrès que cette île aurait pu faire dans la civilisation ne seront-ils pas bientôt arrêtés, et, pour peu que ces monstres continuent de répandre leur funeste influence, n'en résultera-t-il pas bientôt un mouvement rétrograde ? Telle a été la destinée de l'Afrique. Ses rapports avec l'Europe moderne n'ont été pour elle qu'une source d'avilissement et de démoralisation et, loin d'avoir à s'en applaudir, elle n'a que des malédictions à leur donner. De là le phénomène que nous avons examiné dans le chapitre précédent. Si nous suivons avec attention les progrès du genre humain, nous trouverons que c'est sur les bords des rivières et sur les côtes de la mer, comme les endroits les plus fréquentés, que la civilisation a poussé ses premières racines, et que c'est de là que les connaissances et les lumières se sont répandues dans l'intérieur. Nous avons vu que le contraire avait eu lieu à l'égard de l'Afrique. Les plus civilisés sont les habitans de l'intérieur, tandis que ceux des côtes sont, relativement aux premiers, dans la plus profonde barbarie. D'où peut naître une différence si frappante et un état de choses si contraire au témoignage de l'histoire et à l'expérience des siècles ? D'où pourraient-ils naître, si ce n'est de ce que les premiers ont vu à peine un Européen tandis que les seconds ont eu, depuis trois siècles, de constans rapports avec ces étrangers.

En résumé, si les rapports de l'Afrique avec les marchands d'Europe n'ont eu pour résultat qu'un avilissement moral et intellectuel ; si l'effet de ces rapports a été, non de répandre les lumières, mais de les éteindre, non d'améliorer la condition de l'Afrique, mais de la rendre pire; comment peut-on exiger que les habitans de ce continent égalent les Européens dans les progrès de la civilisation? De quel front osez-vous dire que les Africains sont d'une nature inférieure, quand c'est vous-mêmes qui êtes la cause de cette infériorité, quand vous ne prouvez par là que votre propre bassesse?

Quant à nous, nous croyons avoir prouvé que cet argument, le seul par lequel les négriers prétendent justifier leur conduite, est de toute fausseté, et ne peut sortir que de la bouche de scélérats. Nous croyons avoir également prouvé que les Africains ont fait dans la vie civile tous les progrès que pouvaient leur permettre les circonstances cruelles sous lesquelles ils se sont trouvés placés, et, qu'enfin, ils sont déjà plus avancés dans la civilisation que plusieurs nations, soit du continent Américain, soit du continent d'Asie, soit des îles de l'océan Indien. Si la destinée les avait favorisés davantage; si, au lieu de ces Européens infâmes, ils avaient eu affaire à des hommes vertueux; si, au lieu d'un trafic criminel et sanglant, ils eussent été appelés à un commerce légitime et honorable, qui pourrait aujourd'hui les empêcher de prendre place parmi les nations civilisées?

CHAPITRE III

Comment les Africains, une fois réduits en Esclavage, sont dirigés vers les Navires Européens.

Après la longue digression à laquelle nous venons de nous livrer, revenons sur nos pas et continuons de suivre les opérations de la Traite.

Nous avons vu, dans le 1er. chapitre de cet ouvrage, les divers moyens par lesquels les malheureux Africains sont réduits en esclavage dans leur patrie. Un tableau non moins douloureux nous attend; nous allons suivre ces infortunés jusque dans les navires qui doivent les recevoir, dans ces navires d'Europe qui vont les arracher à tout ce qui leur est cher, et les transporter à un lointain esclavage.

Ceux qui sont faits esclaves sur le bord des rivières ou sur les côtes, n'ont que peu de chemin à faire pour joindre les navires Européens. On leur fait traverser le pays, à pied, les bras liés ensemble, ou on les entasse dans le fond des canots, attachés deux à deux, et couchés sur le dos.

Mais ceux qui sont faits esclaves dans l'intérieur des terres ont un long espace à parcourir, et souvent leurs voyages durent plusieurs mois. Ils marchent, à pied, sur un terrain rocailleux, ou sur un sable brûlant; ils ont à traverser des déserts immenses, où ils ne trouvent souvent aucune habitation pour les recevoir. Avant d'entreprendre ces sortes de voyages, les marchands noirs qui les conduisent aux Européens, ont généralement soin d'attendre qu'ils soient en nombre suffisant. Quand le moment du départ arrive, marchands, esclaves, bêtes de somme, inspecteurs, gardiens, tout se met en route. Ces sortes de caravanes s'appellent en Afrique des *coffles*. Souvent il arrive que plusieurs *coffles* se rencontrent et font route ensemble. Mungo Park a trouvé l'occasion de voyager avec une d'elles; et, comme c'est le seul européen qui se soit trouvé dans cette circonstance, c'est de lui et de lui seul que nous devons tirer les détails qui se rapportent à ce douloureux sujet.

Mungo Park se trouvait à Kamalia dans le moment où un marchand d'esclaves en ayant réuni un nombre suffisant pour en composer une *coffle*, ou caravane, se préparait à se mettre en voyage. Mungo Park causa avec ces malheureux. "Je trouvai," dit-il, "qu'ils étaient d'un naturel curieux; ils me questionnèrent beaucoup; mais dans le premier moment, ils ne me regardaient qu'avec horreur. Ils me demandaient fréquemment s'il était vrai que les blancs, mes compatriotes, mangeaient des hommes. Ils désiraient beaucoup que je leur apprisse ce que devenaient les esclaves après avoir passé la mer. Je leur répondais, qu'on les employait à cultiver la terre. Mais ils refusaient de me croire; et l'un d'eux frappant la terre de sa main, me dit avec le plus grand sérieux: 'Avez-vous aussi dans votre pays une terre comme celle sur laquelle vous marchez actuellement?' C'est une idée fortement enracinée dans leur esprit, que les blancs n'achètent des esclaves que pour les manger ou pour les vendre pour le même usage. Aussi n'envisagent-ils qu'avec terreur leur voyage pour la côte; de sorte que, jusqu'au jour du départ, les marchands les tiennent constamment enchaînés et les gardent avec un soin extrême, de peur qu'ils ne parviennent à s'évader. Ils ont coutume, à cet effet, d'enchaîner la jambe droite de l'un à la jambe gauche de l'autre. En soutenant leurs fers, par le moyen de cordes, ils peuvent marcher, mais lentement. Ils sont attachés quatre à quatre, par le cou au moyen d'une forte corde. La nuit, on leur met en outre les fers aux mains, et quelquefois même on leur passe autour du cou une petite chaîne de fer.

"Pour ceux qui donnent des marques de mécontentement

et de rébellion, on a recours à diverses précautions. On prend une grosse pièce de bois de trois pieds de long ; à l'une des extrémités on pratique une entaille uniment façonnée, dans laquelle on introduit le talon de l'esclave, de manière à comprimer les deux chevilles du pied. Alors on réunit les deux parties saillantes de la pièce de bois par une gâche de fer mise en travers, qui comprime le devant de la jambe. Tous les fers et toutes les chaînes sont fabriqués avec du fer du pays. Le forgeron les attachait aussitôt que les esclaves arrivaient à Kamalia, et on ne les leur ôtait que dans la matinée du jour fixé pour le départ pour la Gambie."

Enfin ce jour arriva, et Mungo Park se prépara à partir avec la caravane. La première chose que firent les marchands noirs fut de déchaîner les esclaves qui devaient partir. Ils les rassemblèrent devant la maison de Karfa. Ils firent les paquets, et assignèrent à chaque esclave la charge qu'il devait porter. " Quand nous nous mîmes en marche," dit Mungo Park, " nous fûmes accompagnés jusqu'à un demi-mille de Kamalia par une foule d'habitans de ce village. Les uns pleuraient, les autres serraient la main de leurs parens qui allaient les quitter.

" Comme plusieurs esclaves étaient depuis des années dans les fers, le mouvement soudain d'une marche rapide, avec de lourds fardeaux sur leur tête, leur occasionnait des contractions nerveuses dans les jambes ; nous n'avions pas encore marché un mille, qu'on fut obligé de détacher deux d'entre eux des cordes qui les retenaient et de leur permettre de marcher plus lentement, jusqu'à notre arrivée à Moraboo village entouré de murs, où plusieurs personnes joignirent la caravane."

Trois jours s'étaient déjà écoulés depuis leur départ. Mungo Park continue. " Durant ces trois jours," dit-il, " une femme et une jeune fille appartenantes à un marchand de Bala, se trouvèrent tellement fatiguées, qu'elles ne pouvaient suivre la caravane. On les fouetta violemment et on les traina de force jusqu'à trois heures de l'après midi. Alors elles furent affectées d'un vomissement et on découvrit qu'elles avaient mangé de la terre. Cette circonstance arrive souvent parmi les nègres; mais je ne puis affirmer si cela provient d'un appetit dépravé ou de l'intention de se détruire. On leur permit de se coucher dans les bois pour se reposer; on laissa trois personnes avec elles. Elles ne purent arriver au village de Kinitokooro qu'après minuit; elles étaient alors tellement épuisées que le marchand à qui elles appartenaient, renonça à leur faire continuer le voyage dans leur état actuel, et se détermina à retourner avec elles à Bala pour y attendre l'occasion d'une nouvelle caravane." "Quand nous entrâmes," continue Mungo Park, "dans Kinitokooro, le premier village frontière du pays des Mandingues, on observa une étiquette plus sévère que de coutume. Chacun reçut ordre de marcher à son rang, et nous fîmes ainsi notre entrée en forme de procession. A notre tête marchaient cinq ou six chanteurs qui appartenaient à la caravane. Ils étaient suivis par les autres hommes libres. Puis venaient les esclaves, attachés quatre à quatre, comme à l'ordinaire, par une corde autour du cou. Entre chaque groupe de quatre esclaves, il y avait un homme armé d'une zagaie. Alors venaient les esclaves domestiques; la marche était fermée par les femmes de condition libre, les épouses des marchands noirs," etc....

De Kinitokooro, la caravane entra dans le désert de Jallonka et, après avoir passé les rivières de Wonda et de Co-meissang, elle fit halte dans un grand bois pour y passer la nuit. Le lendemain matin on se remit en route. Ecoutons Mungo Park pour les détails de cette journée et de la journée suivante.

24 Avril. "Avant la pointe du jour les Bushréens* firent

---

* Noms des Prêtres Mahométans en Afrique.

leur prière du matin ; la plupart des personnes de condition libre burent un peu de *mœning* (sorte de gruau); on en fit également boire à ceux d'entre les esclaves qui paraissaient le moins en état de soutenir les fatigues du jour. L'une des femmes esclaves, appartenantes au marchand Karfa, était dans l'abattement et le désespoir, et refusa de boire le gruau qu'on lui offrait. Dès que le jour parut, nous nous mîmes en marche; nous traversâmes toute la matinée un pays désert et rocailleux; mes pieds étaient meurtris et brisés par cette marche fatigante et je craignis de ne pouvoir suivre la caravane pendant la journée. Mais je me rassurai quand j'observai que les autres étaient encore plus fatigués que moi. La femme esclave surtout qui avait refusé de boire le matin, commença à rester en arrière et à se plaindre de grandes douleurs dans les jambes. On lui ôta son fardeau que l'on donna à un autre esclave, et on lui ordonna de marcher à la tête de la caravane. Sur les onze heures, tandis que nous nous reposions sur les bords d'un ruisseau, quelques personnes découvrirent une ruche à miel dans le creux d'un arbre; déjà elles se préparaient à en prendre le miel, lorsque, tout-à-coup, un innombrable essaim, tel que je n'en ai jamais vu de ma vie, s'élança dans les airs, attaqua la caravane, et nous força de fuir dans toutes les directions. Cette alarme générale me causa d'abord de l'effroi. Je crus que c'était quelque esclave qui avait réussi à s'échapper. Enfin notre ennemi ailé cessa de nous poursuivre. Chacun alors s'occupa à panser les blessures qu'il avait reçues; mais on s'aperçut que la pauvre *Néalée*, l'esclave dont j'ai parlé plus haut, n'était pas avec la caravane. Comme dans leur fuite précipitée, plusieurs esclaves avaient abandonné leurs fardeaux, on envoya quelques personnes pour les reprendre. Afin de le faire sans danger, on mit le feu à l'herbe dans une grande étendue de terrain dans la direction du vent, de manière à ce que le vent poussât la fumée du côté de la ruche. Effectivement, la chose arriva comme on l'avait désiré, et nos gens, s'avançant à travers la fumée, reprirent les paquets abandonnés. Ils ramenèrent également la pauvre *Néalée,* qu'ils trouvèrent couchée près du ruisseau. Elle était extrêmement épuisée, et s'était traînée vers le ruisseau, dans l'espoir de se défendre des abeilles en se mouillant le corps ; ce moyen lui avait été inutile ; car les abeilles l'avaient horriblement maltraitée. Après avoir tiré tous les aiguillons qu'on pût trouver, on la lava avec de l'eau et on la frotta avec des feuilles. Mais elle refusait obstinément de marcher, déclarant qu'elle ne ferait pas un pas de plus. Après avoir inutilement employé les prières et les menaces, on employa le fouet ; elle en reçut d'abord patiemment quelques coups ; puis tout-à-coup se leva et marcha assez bien pendant quatre à cinq heures ; au bout de ce temps, elle essaya de s'échapper de la caravane ; mais elle était si faible, qu'elle tomba. On se servit inutilement du fouet pour la faire relever. Karfa pria alors deux marchands noirs de la placer sur l'âne qui portait nos provisions sèches. Mais il lui était impossible de se soutenir, et, comme l'âne était extrêmement revêche, il devint impossible de l'emmener de cette manière. Cependant, comme la journée touchait à sa fin, les marchands ne voulaient pas l'abandonner : on prit donc le parti de faire une espèce de litière avec des cannes de bambous, sur laquelle on la plaça en l'attachant avec des écorces. Deux esclaves, l'un devant, l'autre derrière, portaient cette litière sur leurs têtes. Ils étaient suivis de deux autres qui les relevaient de temps en temps. On la transporta de cette manière jusqu'à la nuit, où nous arrivâmes près d'un torrent au pied d'une colline appelée Gankaran Kooro. C'est là que nous nous arrêtâmes pour souper et passer la nuit. Comme nous n'avions mangé qu'une poignée de farine depuis la nuit précédente et que nous avions marché tout le jour, par un soleil brûlant, plusieurs esclaves qui portaient des fardeaux sur leurs têtes, étaient épuisés de fatigue ; quelques-uns se faisaient craquer les doigts, ce qui est parmi les nègres un signe de désespoir. Sur-le-champ les marchands les mirent tous dans les fers. Quelques-uns plus désespérés que les autres, furent mis à part, les mains enchaînées. Le lendemain matin, on les trouva tous beaucoup mieux.

" 25 Avril. Au point du jour, la pauvre *Néalée* se portait un peu mieux ; mais ses membres étaient si roides et si douloureux, qu'elle ne pouvait ni marcher ni se tenir debout. On la plaça comme un cadavre immobile sur le dos de l'âne, et les marchands noirs s'efforcèrent de la maintenir dans cette situation, en attachant ses mains sous le cou de l'âne, et ses pieds sous le ventre de l'animal. Mais ce dernier était si mutin, qu'il était impossible de le faire avancer avec son fardeau. Comme d'ailleurs *Néalée* ne faisait aucun effort pour se retenir, elle fut bientôt jetée par terre, avec violence, et sa jambe grièvement endommagée. Alors, toutes les tentatives pour emmener cette malheureuse étant inutiles, un cri général retentit dans la caravane : ' *Kang tegi, kang tegi,*' c'est-à-dire : ' Qu'on lui coupe la gorge ! qu'on lui coupe la gorge !' Ne voulant pas être témoin de cette horrible opération, je marchai en avant avec les premiers de la caravane. Je n'avais pas fait un mille, que l'un des domestiques esclaves de Karfa vint à moi avec le vêtement de la pauvre *Néalée* au bout de son arc en me criant, *Nealee affecleeta !* c'est-à-dire ' *Néalée n'est plus.*' Je lui demandai si les marchands noirs lui avaient donné le vêtement de cette infortunée pour le récompenser de l'avoir tuée ; il me répondit que Karfa ainsi que le maître d'école,* n'avaient pas voulu consentir à cette mesure ; et, qu'on l'avait laissée sur la route, où elle ne manquerait pas de périr bientôt, et où elle serait sans doute dévorée par les bêtes sauvages."

Du 25 Avril au 13 Mai, que la caravane continua de

---

* Ce sont des Mahométans qui remplissent cet emploi. Il y en a dans beaucoup d'endroits de l'Afrique.

s'avancer, Mungo Park ne donne aucun détail relatif aux esclaves. Le 13 Mai, ils furent joints par une autre caravane d'esclaves appartenant à quelques marchands de Serawoolli. On convint de faire route ensemble jusqu'à Banisérile, capitale de Dentila. « Nous marchâmes donc tous ensemble," dit Mungo Park, « et nous nous avançâmes rapidement à travers les bois, jusqu'à midi. C'est alors que l'un des esclaves de Serawoolli laissa tomber son fardeau de dessus sa tête. Il fut fouetté sévèrement pour cela. On replaça le fardeau sur sa tête; mais il n'avait pas fait un mille, qu'il le laissa tomber de nouveau. On lui infligea une seconde fois le même châtiment. Il continua à marcher avec beaucoup de peine jusqu'à deux heures où nous nous arrêtâmes auprès d'un étang pour respirer un peu; car la chaleur était brûlante. Le pauvre esclave était alors tellement épuisé qu'on fut obligé de le détacher de la corde qui l'enchaînait à ses trois compagnons d'infortune, et il resta immobile couché par terre. Un individu de Serawoolli entreprit de rester près de lui afin d'essayer de l'amener à la ville de Banisérile pendant la fraîcheur de la nuit. Nous continuâmes notre route, et, après une journée extrêmement fatiguante, nous arrivâmes enfin à Banisérile sur le soir. A huit heures, l'habitant de Serawoolli nous rejoignit; il nous dit que l'esclave était mort. On pensa généralement qu'il l'avait tué, ou l'avait abandonné sur la route."

Le 30 Mai, Mungo Park raconte un autre fait affligeant, que nous allons transcrire. « Nous arrivâmes, dit-il, à Jalacotta; là, l'un des esclaves de notre caravane, qui ne marchait qu'avec difficulté depuis trois jours, fut jugé incapable d'aller plus loin. Son maître, qui était l'un de nos chanteurs, proposa de l'échanger contre une jeune fille appartenant à un habitant de Jalacotta. Cette infortunée ignora son sort jusqu'au moment où l'on chargea les paquets et où la caravane se disposa à partir. Hélas! rayonnante de santé, de jeunesse et de joie, elle était venue avec ses jeunes compagnes pour assister à notre départ, quand, tout-à-coup, son maître vint la prendre par la main et la remit à notre chanteur. Jamais on ne vit une plus touchante sérénité remplacée par une plus profonde et plus vive douleur. Une terreur générale agitait tout son corps, lorsqu'on lui plaça son fardeau sur la tête et lorsqu'on lui passa la corde fatale autour du cou. L'adieu douloureux qu'elle adressa en partant à ses compagnes, était fait pour attendrir tous les cœurs."

La caravane continua de marcher jusqu'au 5 Juin, où elle arriva à un lieu appelé Jindey. Comme le commerce des esclaves destinés pour la rivière de Gambie dont Jindey n'est qu'à une petite distance, n'était point alors dans une grande activité, il fut décidé qu'on y attendrait que la Traite prît plus de vigueur. C'est là que Mungo Park qui désirait retourner en Europe, prit congé de ses compagnons de voyage. Les détails qu'il donne à cette occasion sont trop intéressans pour que nous les passions sous silence. « Je touchais, dit-il, à la fin du plus pénible et du plus douloureux voyage. Encore un jour, et j'allais me trouver avec mes compatriotes, dans les bras de mes amis. Cependant, quelques raisons que j'eusse de me réjouir, ce n'est pas sans une vive émotion que je me séparai de mes malheureux compagnons de voyage dont la plupart, je le savais, étaient destinés au plus dur esclavage dans des contrées lointaines. Dans le cours d'un voyage pénible de plus de 500 milles anglais, sous les chaleurs brûlantes du tropique, ces pauvres gens, au milieu de leurs souffrances présentes et de celles qui les attendaient, avaient encore pitié des miennes. Que de fois ils sont venus d'eux-mêmes m'apporter de l'eau pour étancher ma soif! Que de fois, à l'approche de la nuit, je les ai vus rassembler des feuilles et des branches d'arbres, pour me préparer un lit dans le désert! Nous nous séparâmes en soupirant, en nous exprimant nos regrets, en nous comblant de bénédictions mutuelles. Je gémissais de n'avoir à leur offrir que mes vœux et mes prières. Ils devinèrent ma peine. 'Nous savions,' me dirent ils affectueusement pour me consoler, 'nous savions que c'était là tout ce que vous pouviez nous donner ! Nous n'en voulons point davantage."

Mungo Park s'étant séparé de la caravane à Jindey, nous ne pouvons continuer l'itinéraire des esclaves qui la composaient. Mais cela n'est point nécessaire. Comme nous les avons suivis jusqu'à une journée de distance de la rivière de Gambie, le tableau que nous avons donné des journées précédentes nous rend inutiles les détails de cette dernière journée. Ainsi, ce que nous avons vu doit nous suffire, et nous pouvons nous considérer comme ayant conduits les esclaves Africains jusque sur les navires européens qui les attendent.

CHAPITRE IV.

Les esclaves Africains, pendant leur passage aux colonies européennes. Que l'un des effets de la Traite est de démoraliser les agens qu'elle emploie.

Nous avons suivi les malheureux Africains réduits en esclavage, depuis leur départ de leur patrie jusqu'à leur arrivée au lieu de leur embarcation. Ici commence un nouveau spectacle. Les marchands noirs qui les ont amenés les ont vendus aux avides Européens. Continuons de les suivre. Embarquons-nous avec eux sur l'Océan, et voyons ce qu'ils vont devenir sous leurs nouveaux maîtres. Tous les témoins interrogés par le parlement britannique, se sont accordés à dire que, dès qu'ils sont mis à bord des bâtimens, une noire mélancolie et un sombre abattement les saisissent; que cet état dure pendant quelque temps, quelquefois même pendant tout le voyage, et qu'il ne doit être attribué qu'aux douloureuses pensées que fait naître dans leur esprit le regret de se voir arracher à leur patrie, à leur famille et à leurs amis. A leur arrivée à bord, les hommes sont enchaînés deux à deux, c'est-à-dire qu'on attache la jambe droite de l'un à la jambe gauche de l'autre; c'est dans cet état qu'on les renferme dans la prison qui leur est destinée; cette prison est la cale même du navire; quant aux femmes et aux enfans, on ne les enchaîne point et on les place dans un endroit séparé des hommes.

Quand le temps est beau, on leur permet de quitter leur prison pour venir respirer sur le pont un air plus frais et moins pestilentiel, ainsi que pour prendre leurs repas. A cet effet on les place deux à deux sur une longue file, des deux côtés du navire ; mais pour empêcher qu'ils ne se jettent sur l'équipage ou qu'ils ne se précipitent à la mer, on fait passer dans les fers de chaque paire d'esclaves une longue chaîne dont les deux bouts sont attachés au pont. Quand le vaisseau est plein, la situation de ces infortunés est vraiment déplorable. Dans les navires les mieux réglés, un homme qui a atteint toute sa croissance, ne peut disposer que de seize pouces anglais en largeur, deux pieds huit pouces en hauteur, et cinq pieds huit pouces en longueur. *C'est moins d'espace qu'il n'en occupera dans son cercueil.* Et cependant, il n'y a que peu de navires où l'on accorde *tant d'espace !* Il en est beaucoup où les esclaves ne peuvent se coucher que sur le côté ; aucun où ils puissent se tenir debout. En outre, ils sont continuellement nuds, et ils n'ont sous eux que les planches. Le mouvement du vaisseau leur cause souvent des souffrances violentes, en ce qu'il occasionne des écorchures aux parties saillantes de leurs corps et est cause que leurs fers leur déchirent les jambes.

Mais le moment le plus affreux de leur situation, c'est lorsque le mauvais temps et l'impétuosité du vent obligent de fermer les écoutilles. Aucune langue ne peut décrire ce que souffrent alors ces infortunés ; alors on les entend souvent crier dans leur langue, d'une voix lamentable : " *Au secours ! Au secours ! nous nous mourons !*" Des témoins ont comparé la vapeur émanée de leur corps à travers les caillebotis, à la chaleur qui sort d'une fournaise ardente. Plusieurs d'entr'eux suffoqués par la chaleur, l'infection et l'air corrompu, ont été transportés à demi morts, de la cale sur le pont du navire ; et d'autres qui étaient en bonne santé quelques heures auparavant, ont été retirés morts de suffocation. Quelqu'horribles que paraissent ces détails, nous pouvons affirmer que nous n'avons rien avancé que de conforme à la stricte vérité et que nous avons omis plusieurs autres détails qui auraient pu ajouter encore à l'horreur de ce hideux tableau*.

Néanmoins, nous ne nous dissimulerons pas qu'il est quelques personnes qui refuseront de nous croire. Celles-là nous les renverrons à la gravure ci-jointe; on y voit la coupe et les dimensions d'un navire anglais, le *Brookes*, employé à la Traite des noirs; nous les prévenons que la planche a été tirée par ordre du parlement britannique; nous les invitons à donner à cette gravure une attention particulière, et nous nous en rapportons, pour fixer leur opinion sur ce sujet, à l'impression que cet examen aura produit sur eux.

	Anglais.	
	Pieds.	Pouces.
Longueur du premier pont en dedans, A A,....	100	0
Largeur du même, en dedans, B B............	25	4
Profondeur de la cale, O O O, de plafond à plafond..............................	10	0
Hauteur des entre ponts......................	5	8
Longueur de la chambre des hommes, C C, sur le premier pont............................	46	0
Largeur de ditto C C sur ditto...............	25	4
Longueur des plateformes, D D, dans ditto.......	46	0
Largeur des ditto, dans ditto, de chaque côté....	6	0
Longueur de la chambre des garçons E E.......	13	9
Largeur de ditto............................	25	0
Largeur des plateformes F F, dans ditto........	6	0
Longueur de la chambre des femmes G G......	28	6
Largeur de ditto............................	23	6

* Voyez dans le *Résumé des interrogatoires relatifs à la Traite*, imprimé par ordre du parlement britannique, les dépositions qui constatent que les esclaves ont été affectés de maladies contagieuses, particulièrement de celle qu'on nomme le *flux*. C'est à cette occasion qu'un témoin dit: « Le plancher de leur prison était inondé de sang et de glaires, comme si c'eût été un abattoir."

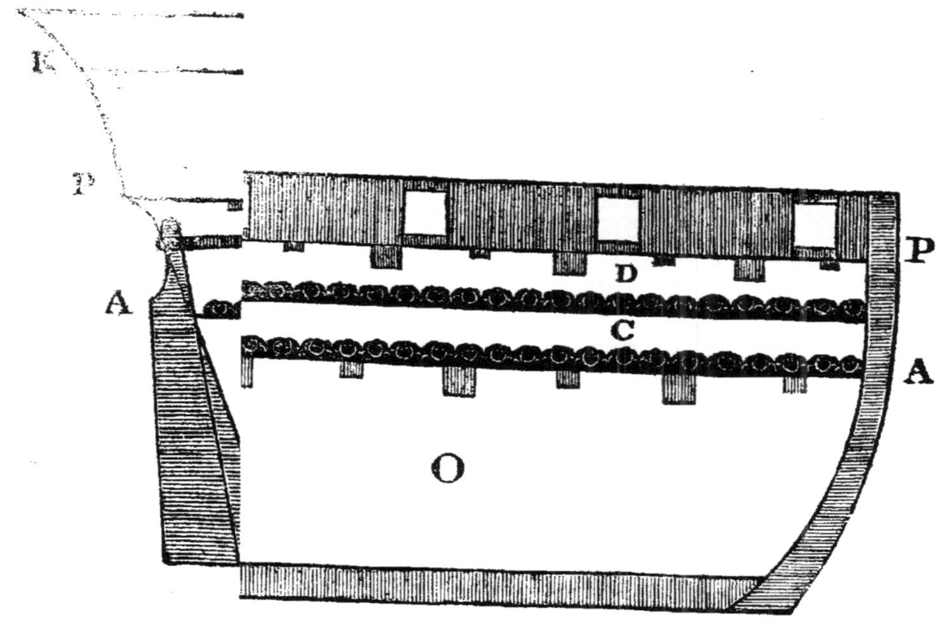

E
P
A
P
D
C
A
O

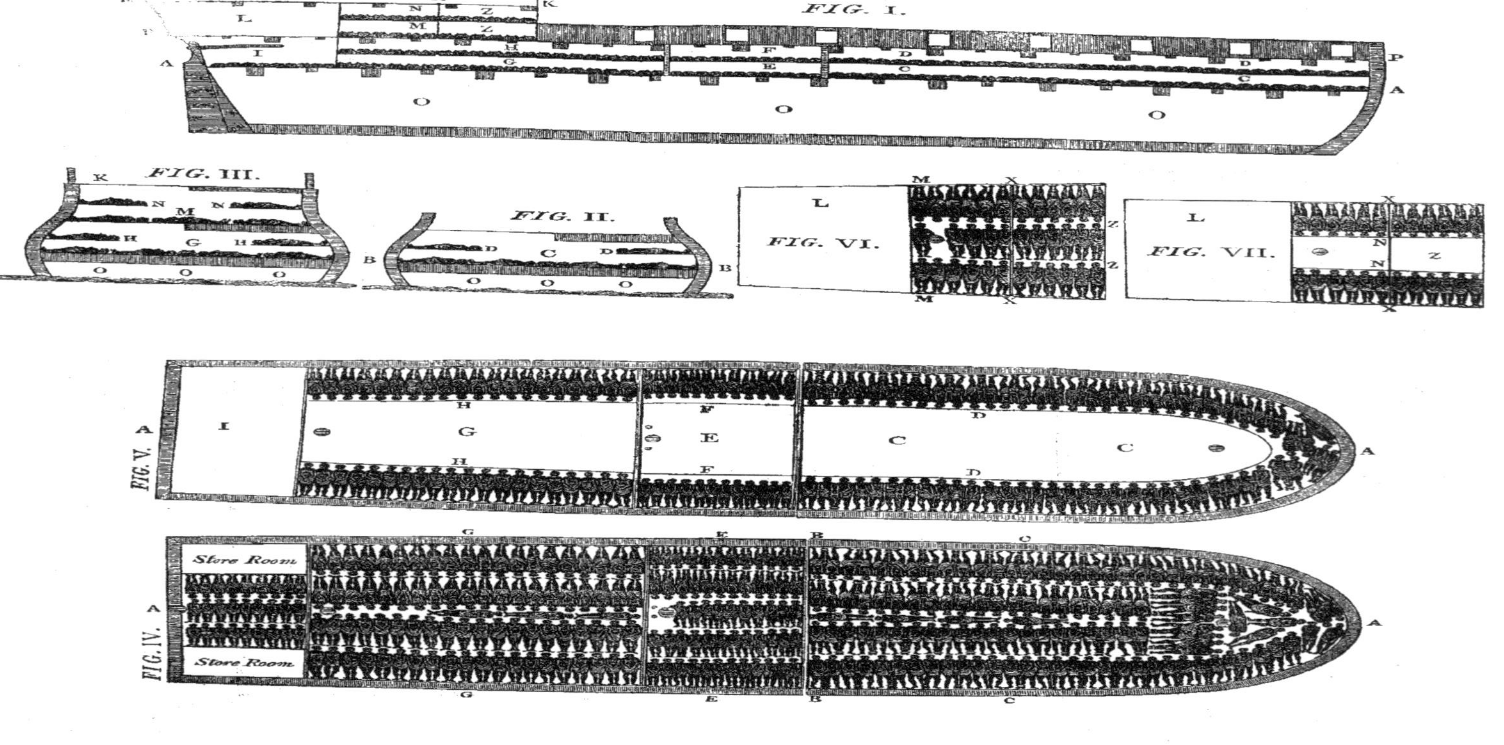
FIG. I.
FIG. III.
FIG. II.
FIG. VI.
FIG. VII.
FIG. V.
FIG. IV.
Store Room
Store Room

	Anglais	
	Pieds.	Pouces.
Longueur des plateformes H H, dans ditto......	28	6
Largeur des ditto, dans ditto................	6	0
Longueur de la sainte-barbe I I sur le premier pont................................	10	6
Largeur de ditto, sur ditto..................	12	0
Longueur du gaillard d'arrière K K..........	33	6
Largeur de ditto............................	19	6
Longueur de la chambre L L.................	14	0
Hauteur de ditto............................	6	2
Longueur du demi pont M M..................	16	6
Hauteur de ditto............................	6	2
Longueur des plateformes N N, sur ditto........	16	6
Largeur de ditto sur ditto....................	6	0
Second pont P P............................		

Supposons maintenant que ce sont là les vraies dimensions du navire négrier le *Brookes ;* supposons que l'on accorde à chaque esclave mâle six pieds anglais, sur un pied quatre pouces d'espace ; à chaque femme cinq pieds dix pouces, sur un pied quatre pouces ; à chaque garçon cinq pieds, sur un pied deux pouces ; et à chaque fille quatre pieds six pouces, sur un pied ; il s'ensuit que le nombre d'esclaves qu'on trouve dans la gravure est le nombre juste que le *Brookes* pouvait contenir d'après ces données ; si nous en faisons le compte, déduction faite des femmes contenues dans les figures 6 et 7 de l'espace Z destiné aux matelots, nous trouverons que ce nombre s'élève à 451, et qu'on ne pourrait pas placer un seul individu de plus. Maintenant si nous considérons que le *Brookes* était du port de 320 tonneaux et que la loi lui permettait de porter 450 personnes, mais pas davantage,* il est clair, qu'en ajoutant trois personnes

* Quelques années avant d'abolir entièrement la Traite, le parlement britannique avait réglé, d'après le tonnage, le nombre d'esclaves que pourrait porter un navire négrier.

de plus, on atteindra précisément le nombre accordé par la loi. Au reste, la gravure parle d'elle-même; elle prouve que nous n'avons rien exagéré quand nous avons peint les souffrances occasionnées par le défaut d'espace et le manque d'air. Car si 451 esclaves ne peuvent être contenus dans le navire le *Brookes*, sans que leurs corps ne couvrent toutes les planches et toutes les plateformes et ne se touchent même les uns les autres, quelle devait donc être horrible la situation de ces infortunés avant la promulgation de cette loi, puisque les témoignages ont prouvé que ce même navire avait coutume de transporter *six cents esclaves !* Combien cette situation doit être encore affreuse aujourd'hui dans les navires négriers! Car la Traite étant déclarée illicite et conséquemment ne pouvant être assujettie à des règles, les malheureux Africains sont entassés dans leurs prisons flottantes, sans être soumis à d'autre loi qu'à celle de la cupidité des marchands d'esclaves!

On conçoit sans peine que les pauvres Africains traités si cruellement sur les navires de leurs nouveaux maîtres, doivent méditer les moyens de s'affranchir de tant de maux, dispositions bien naturelles de la part d'hommes opprimés qui savent qu'ils n'ont ni mérité ni provoqué les outrages de leurs oppresseurs.

Il y a dans le cœur de l'homme un désir violent d'échapper à la douleur, et il est rare que ce désir ne soit pas accompagné de celui de la vengeance. Ne nous étonnons donc pas des tentatives faites par les Africains pour immoler leurs tyrans: elles sont fréquentes. Mais leurs nouveaux maîtres qui n'ignorent pas cette disposition de la nature humaine et qui ont la conscience de leur crime, n'oublient aucune précaution pour leur ôter toute chance de succès. Communément ils construisent une forte barricade de bois, qu'ils fortifient par des pièces de canons, de manière à assurer le salut de tous ceux que ces canons protègent et à exterminer ceux qu'ils menacent. Malgré ces redoutables précautions, souvent il est arrivé que les esclaves, n'ayant d'autres armes que leur désespoir, ont attaqué leurs tyrans avec un courage digne d'admiration. Ces exploits n'ont point été célébrés, parce qu'ils n'étaient l'ouvrage que de pauvres esclaves; s'ils eussent été l'ouvrage d'hommes libres, si les armées de l'antiquité ou de nos temps modernes en eussent été le théâtre, l'histoire les eût immortalisés dans ses fastes et la gloire eût été le partage de leurs auteurs. Quelquefois le massacre de tout l'équipage a été le prix de leurs efforts; mais quand ils ont eu le malheur d'échouer dans leurs tentatives, le lecteur frémirait d'horreur si j'essayais de lui décrire les barbaries et les effroyables châtimens qui en ont été la suite. Ainsi trompés dans leurs projets de résistance et de révolte, les malheureux enfans de l'Afrique n'aspirent plus qu'à se donner la mort pour terminer d'un coup leur vie et leur misère, et, quand ils en trouvent l'occasion, ils la saisissent avec une avidité qui surpasse toute croyance. Le moyen qu'ils employent le plus ordinairement est de se jeter à la mer; mais on a pourvu à ce qu'ils ne pussent, par ce moyen, échapper à leurs bourreaux. Non-seulement lorsqu'ils sont sur le pont, on leur ferme soigneusement toutes les issues; mais encore on a soin d'équiper le navire avec des filets de bastingage qui s'élèvent très-haut de chaque côté du pont. Mais tant de précautions sont souvent inutiles; on a de nombreux exemples d'esclaves qui se sont détruits de cette manière.

Lorsqu'ils n'ont pu réussir à s'arracher la vie par ce moyen, ils ne perdent pas l'espoir de réussir par d'autres. Leurs oppresseurs ont beau les guetter, ils ne réussissent pas toujours à les empêcher d'exécuter leur funeste dessein. Si par hasard ils peuvent trouver sous leurs mains quelque corde, ils s'en servent pour s'étrangler: on en a vu plusieurs, surtout des femmes, périr de cette manière. Rencontrent-ils sous leur main quelque instrument de fer, ou seulement quelque morceau de métal qu'on a oublié, ils les emploient à se donner la mort en se faisant de profondes blessures.

D'autres qui n'ont pu trouver l'occasion de se détruire ainsi, prennent la résolution de refuser toute nourriture, dans la vue de mourir de faim. En vain on emploie dans cette occasion un instrument appelé *speculum oris*, destiné à ouvrir les mâchoires quand elles sont resserrées par la maladie ; tout est inutile, et on en a vu persister dans leur résolution pendant onze jours consécutifs au bout desquels la mort venait ordinairement terminer leurs souffrances.* Quant à ceux (et dans cette classe on doit ranger surtout les femmes) qui, plus faibles d'esprit et de corps, ont un sentiment plus vif de leur situation, avec moins de résolution pour y mettre fin, souvent il arrive que la sombre mélancolie dans laquelle leur esprit est plongé se termine par la folie, et qu'ils continuent d'être dans cet affreux état jusqu'à leur mort qui ne tarde pas à les en délivrer.

Telles sont les scènes déplorables qui se passent sur les vaisseaux négriers depuis leur départ des côtes d'Afrique jusqu'à leur arrivée aux colonies européennes. Il n'est pas nécessaire de dire que, durant cet intervalle, une effrayante mortalité règne parmi les esclaves. Les insurrections, les suicides, les maladies produites par les peines de l'esprit, par la transition subite du froid au chaud, par la malpropreté, par les odeurs fétides, par une atmosphère corrompue et par les barbares traitemens, contribuent à rendre cette mortalité plus rapide encore. Il résulte des dépositions de témoins dignes de foi devant le parlement britannique que, sur 7904 esclaves qu'ils avaient eux-mêmes exportés d'Afrique à diverses époques, tous jeunes et en bonne santé† lors de leur embarcation, il en est mort 2053, c'est-à-

* Cette violation des lois du Créateur que commettent ces malheureux est un nouveau crime qui doit retomber sur la tête des négriers.

† L'esclave le plus âgé a rarement plus de vingt cinq ans à son départ d'Afrique.

dire un quart, dans l'espace de six ou huit semaines. Quelle dévastation meurtrière de la race humaine! quelle révolte impie contre le vœu du Créateur!....Ah! si le reste du genre humain mourrait dans cette effrayante proportion, bientôt l'univers ne serait plus qu'un vaste désert.

Après avoir donné le détail des souffrances que la Traite inflige à ses victimes pendant la traversée, nous serions impardonnables si nous ne faisions pas connaître en même temps la démoralisation qu'elle engendre dans les agens qu'elle emploie. Comment supposer que des hommes sont témoins journaliers des barbaries que nous avons décrites, sans devenir barbares eux-mêmes? Sans doute que, lorsqu'ils s'engagent pour la première fois dans ce commerce coupable, ils prennent la résolution d'abjurer tout sentiment d'humanité; mais cette abjuration ne peut se faire sans qu'intérieurement leur âme ne se révolte, jusqu'à ce qu'enfin l'habitude qui est une seconde nature, les réconcilie insensiblement avec les horreurs qu'ils commettent et dont ils sont témoins tous les jours. Leur cœur s'endurcit bientôt sans remède. C'est ce que l'on voit dans les exécuteurs de la haute justice. Dans les premiers jours où ils entrent dans leurs emplois, ils éprouvent une certaine émotion intérieure; mais bientôt, ils s'accoutument à une insensibilité complette. Les dames romaines ne furent-elles pas amenées par degrés à prendre plaisir aux combats de gladiateurs? La même révolution a lieu dans le moral de tous ceux qui s'emploient au service de la Traite. Bientôt le spectacle et l'action du crime les laissent insensibles; et par la suite, les souffrances des malheureux qu'ils achètent ne leur causent pas plus d'émotion que celles des plus vils insectes. Ils n'envisagent la vie de leurs semblables que sous le rapport de leurs intérêts; que dis-je? ils s'en font un jeu cruel! Ayant étouffé dans leur cœur tout sentiment d'humanité, ils deviennent des monstres, et il n'y a pas de crimes dont de pareils êtres ne soient capables. Nous nous contenterons de citer pour exemples les faits suivans.

Un navire négrier Anglais, ayant 400 esclaves à bord, donna sur un bas fond à une demi lieue de trois petites îles appelées *Morant Keys*, et distantes d'environs onze lieues de la Jamaïque. Les officiers et l'équipage se voyant dans l'impossibilité de sauver le navire, descendirent dans les chaloupes, y mirent leurs armes et leurs provisions et débarquèrent sains et saufs à l'une de ces îles. Ils y passèrent la nuit. Le lendemain matin, ils aperçurent que le navire était encore entier, et que les esclaves, ayant brisé leurs fers, avaient construit des radeaux sur lesquels ils avaient placé les femmes et les enfans. Bientôt ils virent ces radeaux se diriger vers l'île où ils étaient, tandis que les hommes nageant autour semblaient veiller sur les êtres chéris qu'ils portaient. Ils les laissèrent s'approcher jusqu'à une légère distance du rivage. Alors ils firent pleuvoir sur ces infortunés un feu continuel de leurs armes et en tuèrent 366. Ils prirent les 36 qui avaient échappé à cet horrible massacre et les vendirent à Kingstown de la Jamaïque.

Voici maintenant un second fait.

Plusieurs esclaves étaient morts à bord du navire négrier le Zong et la mortalité augmentait avec tant de rapidité, qu'il était difficile de prévoir où elle s'arrêterait. Le capitaine, craignant de perdre tous ses esclaves, prit l'horrible résolution de choisir ceux qui étaient les plus malades et de les jeter à la mer, calculant que, pourvu qu'il pût prouver la nécessité où il avait été de s'en défaire ainsi, la perte serait supportée non par les propriétaires, mais par les assureurs du navire. Le prétexte qu'il proposa fut le *manque d'eau*, quoique ni la ration d'eau des matelots, ni celle des esclaves n'eût encore été réduite. Ainsi pourvu de ce qu'il croyait être une invincible excuse, il ne s'occupa plus qu'à exécuter son affreux dessein. En conséquence, il choisit parmi les esclaves *cent trente-deux* des plus malades. *Cinquante-quatre* furent immédiatement jetés à la mer. Le jour suivant, *quarante-deux* subirent le même sort. Mais comme si la providence, condamnant son infâme projet, eût voulu lui ôter toute excuse pour sacrifier le reste de ces malheureux et fournir une preuve contre son crime, à peine cette effroyable exécution venait-elle d'avoir lieu, *qu'il tomba une pluie abondante qui dura pendant trois jours.* Mais le capitaine, étouffant tout remords, n'en ordonna pas moins d'amener sur le pont les *vingt-six* esclaves qui restaient encore à immoler. Les *seize* premiers se laissèrent jeter à la mer; mais les autres, s'armant d'un vertueux courage et d'une noble indignation, ne voulurent pas souffrir que des mains impies les touchassent, et s'élançant d'eux mêmes au milieu des flots, allèrent rejoindre leurs infortunés compagnons. Ainsi fut consommé, en plein jour, un forfait presque sans exemple dans la mémoire des hommes et dans les annales de l'histoire, forfait d'une nature si atroce, que, sur un seul témoignage, il serait impossible d'y ajouter foi. Plusieurs de ceux qui avaient assisté à ces horribles meurtres, déposèrent du fait devant la cour judiciaire de *Guildhall*, à Londres, qui condamna les propriétaires à supporter la perte des esclaves.

Il est nécessaire d'observer que ces horribles crimes ont eu lieu avant l'abolition de la Traite par le parlement britannique; s'ils eussent été commis depuis, la peine capitale eût été le juste châtiment de leurs auteurs, et de tous leurs complices.

Mais, dira-t-on, il y a long-temps que ces cruautés ont été commises, et ce sont des Anglais qui en sont les auteurs. Nous allons citer deux autres faits d'une date plus récente et dont les auteurs appartiennent à une autre nation.

Le Rodeur, navire français de 200 tonneaux, fit voile du Hâvre le 14 Janvier, 1819; au mois de Mars suivant, il mit à l'ancre dans la rivière de Bouny, sur la côte d'Afrique. C'est là, qu'en violation des lois françaises contre la Traite, il chargea une cargaison d'esclaves; le 6 d'Avril, il mit à la voile de ce dernier endroit pour la Guadeloupe. Peu de temps après son départ, quelques esclaves ayant été amenés sur le pont du navire pour prendre l'air, réussirent à se détruire en se précipitant dans la mer. Le Capitaine du Rodeur en fit un effroyable exemple. Il fit fusiller quelques esclaves et en fit pendre d'autres. Mais cette barbarie fut sans succès, et l'on prit le parti d'enfermer tous les esclaves à fond de cale. Bientôt une effrayante *ophtalmie* se manifesta parmi eux; ce fléau ne tarda pas à atteindre l'équipage dans lequel il fit de si rapides progrès, qu'il ne resta bientôt plus qu'un seul homme qui fût capable de diriger le navire. C'est alors que le Rodeur rencontra un navire considérable qui paraissait flotter au gré des vents et des vagues. L'équipage de ce navire entendant la voix des gens du Rodeur, se mit à jeter des cris douloureux en implorant des secours. Le Rodeur apprit que c'était un navire négrier Espagnol appelé le *St. Léon*, que l'ophtalmie les avait attaqués, et qu'esclaves et équipage, tous étaient devenus aveugles. Ce récit déplorable fut inutile. Le Rodeur ne put secourir ces infortunés dans l'état affreux où il était lui-même. Le *St. Léon* passa outre, et depuis, on n'en a plus entendu parler. Enfin, grâce au courage et à la persévérance de l'unique matelot qui avait conservé la vue à bord du Rodeur, ce navire favorisé d'ailleurs par un heureux concours de circonstances, arriva à la Guadeloupe le 21 de Juin. Avant cette époque, parmi les esclaves, trente-neuf étaient totalement aveugles, douze avaient perdu un œil et quatorze étaient plus ou moins affectés à cette partie. Parmi l'équipage qui consistait en vingt-deux hommes, douze avaient perdu la vue, parmi lesquels était le chirurgien du navire; cinq, dont était le Capitaine, avaient perdu un œil; quatre autres avaient plus ou moins éprouvé les suites de l'ophtalmie. Le lecteur s'imagine sans doute que, lorsque ce funeste voyage toucha à sa fin, lorsque bientôt allait s'offrir un port à tant d'infortunés, la première chose que fit l'équipage fut de rendre grâce à Dieu d'une délivrance aussi miraculeuse. Le lecteur se trompe étrangement. Ignore-t-il que la reconnaissance envers Dieu, et la compassion pour nos semblables sont des vertus étrangères au cœur des négriers qui, en se dévouant à ce coupable métier, ont commencé par se dépouiller de tous les sentimens qui honorent l'homme! La première chose que fit l'équipage du Rodeur, fut de jeter à la mer tous les malheureux esclaves qui étaient incurablement aveugles, pour ne pas avoir à les nourrir en pure perte, puisqu'en cet état déplorable, il n'était pas possible de les vendre. Ils avaient encore un autre motif pour commettre cet acte atroce : en alléguant une nécessité quelconque où ils avaient pu être de se défaire de ces infortunés, ils étaient sûrs que la valeur leur en serait intégralement payée par les assureurs.

L'année 1820 nous fournit l'exemple d'un fait également horrible, quoiqu'accompagné de circonstances différentes. Le commodore Sir George Collier commandant l'escadre anglaise, stationnée en croisière dans les mers d'Afrique, à l'effet de faire exécuter la loi d'abolition promulguée par le parlement britannique, ainsi que les traités conclus entre la Grande Bretagne et diverses puissances maritimes, était, de sa personne, à bord de la frégate le *Tartar*. Au mois de Mars, 1820, il donna la chasse à un navire qu'il soupçonnait d'être un négrier. Pendant le temps que dura cette chasse, on observa plusieurs barils flottant çà et là ; mais personne n'eût alors l'idée de les examiner. Après quelques heures, l'équipage de la frégate anglaise aborda le navire qu'on poursuivait et qui fut reconnu pour être la Jeune Estelle, navire français, commandé par un nommé Olympe Sanguines. Cet homme interrogé nia qu'il eût pour le moment aucun esclave à bord; il avoua cependant qu'il en avait eu quelque temps auparavant, mais qu'il en avait été dépouillé par un pirate espagnol. Il y avait quelque chose de si douteux dans sa contenance, que le lieutenant du *Tartar* crut devoir ordonner une visite dans le navire. Un matelot anglais ayant frappé sur un baril, en entendit sortir une voix comme d'une personne expirante. Sur le champ le baril fut ouvert et l'on y trouva deux jeunes esclaves d'environ douze ou quatorze ans. Elles furent transportées aussitôt à bord du *Tartar* et ainsi arrachées à la plus affreuse mort. C'est là qu'elles furent reconnues par une personne qui les avait vues sur la côte d'Afrique. Cette personne avait été mise depuis peu à bord du *Tartar* et faisait partie d'un équipage de navire négrier. Il fut constaté par sa déposition qu'un certain Capitaine Richards, commandant un négrier américain, était mort dans un village de cette partie de la côte d'Afrique appelée Trade-Town, laissant après lui quatorze esclaves dont faisaient partie les deux jeunes infortunées trouvées à bord de la Jeune Estelle. Après la mort du Capitaine Richards, le Capitaine Olympe Sanguines prit terre avec son équipage armé d'épées et de pistolets et s'empara de ces quatorze esclaves qu'il embarqua à bord de la Jeune Estelle. Sir George Collier après avoir reçu ces informations, ordonna une seconde visite, afin de trouver les douze autres esclaves : elle fut infructueuse. C'est alors que lui et ses officiers conjecturèrent avec un sentiment bien douloureux, que le Capitaine Sanguines, craignant que son navire ne fût saisi comme pirate, avait donné pour tombeau à ces douze malheureuses victimes ces mêmes barils qu'on avait aperçus flottans sur les ondes, au commencement de la chasse. Mais hélas ! il était trop tard pour vérifier cette conjecture. Le vaisseau le *Tartar* avait fait plus de vingt lieues de chemin pendant cette poursuite, et quand bien même on eût pu espérer de retrouver ces funestes barils, il était hors de doute qu'aucune des victimes qui y étaient supposées renfermées, n'aurait été trouvée vivante.

Mais c'en est assez. Tirons un voile sur tant d'horreurs. La plume se refuse à les peindre et l'esprit du lecteur ne pourrait en supporter davantage. Ce que nous avons dit doit suffire pour prouver l'effrayante démoralisation que la Traite entraîne à sa suite. Ces effets sont réguliers et certains : ils sont et doivent être les mêmes dans tous les temps, chez toutes les nations où règne et règnera la Traite. Ces effets sont irrésistibles. L'empire de l'opinion publique, les progrès des lumières, l'avancement de la civilisation, n'opposeraient à sa funeste influence que d'impuissantes barrières. Enfin, ces faits prouvent surtout, et c'est la conséquence que nous avons eu dessein d'en tirer en les citant et qu'il importe de rendre manifeste, ils prouvent qu'il n'y a d'autre remède à tant de maux que l'abolition entière et définitive de la Traite.

Et qu'on n'espère pas que des lois suffiront pour arrêter le cours de ces maux affreux et pour introduire de l'humanité dans l'exercice de la Traite. Le cœur humain, la corruption dont il est capable, l'expérience des siècles sont là pour déposer contre cette assertion. Comment introduire de l'humanité dans un commerce anti-social où c'est l'humanité qu'on immole ? Autant vaudrait essayer, pour nous servir des termes de l'Ecriture, de *changer la couleur de l'Ethiopien, et la peau du léopard.**

Des lois ne peuvent régler la Traite, pas plus qu'elles ne peuvent régler l'assassinat. Le crime ne peut être exercé que par des mains criminelles : et qu'appellerons-nous crime, si la Traite n'en est pas un ?

---

* Jérémie, chap. 13, vers. 23.

CHAPITRE V.

La Traite considérée comme une violation du principe de justice universelle. Réfutation de quelques-uns des argumens les plus spécieux de ses défenseurs.

Après ce qui a été dit dans les chapitres précédens, ce serait insulter à l'intelligence du lecteur que d'essayer de lui prouver que la Traite est une violation du principe de justice universelle. Le tableau que nous en avons donné doit exciter l'indignation de tout homme qui a assez de capacité pour distinguer ce qui est bien de ce qui est mal. Mais il n'est malheureusement que trop vrai qu'il y a des hommes qui n'hésitent pas à se livrer à ce détestable commerce, et s'en occupent avec la même froideur et la même indifférence que s'ils s'occupaient d'une chose commune et ordinaire. Nous devons mettre ces hommes à découvert, et leur arracher le masque dont ils se couvrent, en rapprochant leur conduite des principes d'eternelle justice, et en recherchant par quels funestes argumens ils sont parvenus à faire taire leur conscience, de manière à se livrer sans remords apparens à ce trafic criminel.

Il y a une maxime universellement adoptée parmi les hommes : elle est si simple, qu'elle est à la portée des intelligences les plus bornées, et empreinte d'un tel caractère de vérité, que ce serait être insensé que de chercher à la nier. Voici cette maxime : Celui là se rend coupable d'injustice qui, sans y être provoqué, cause des pertes, des dommages, ou des souffrances à son semblable ; c'est-à-dire, qu'il faut une provocation préalable, comme pertes, dommages, ou souffrances endurées, pour donner à un homme des droits sur la personne ou la propriété de son semblable. Toutes les nations civilisées qui existent de nos jours ont adopté ce principe. Il est le fondement et la pierre angulaire sur lesquels elles ont élevé l'édifice de leurs lois. Ce principe ne souffre aucune exception ; il est applicable à tous les peuples, même à ceux qui sont dans l'état de nature ; et, quelle que soit la différence qui puisse exister entre les lois particulières qui régissent les nations, toutes se sont accordées à reconnaître celle-là dans leurs relations mutuelles. D'après cette base, examinons la cause des négriers. Si nous nous rappelons ce qui a été exposé dans les chapitres précédens, si nous considérons les moyens cruels employés en Afrique pour se procurer des esclaves, la manière également cruelle de les conduire aux navires européens, et enfin, la manière plus cruelle encore de les transporter aux colonies d'Europe, quel cœur sera assez dur pour ne pas s'ouvrir à la pitié à l'aspect de tant de souffrances? Et cependant qu'a fait ce malheureux peuple pour s'attirer d'aussi cruels traitemens? A-t-il commis quelqu'offense envers les Européens? Nullement. Il n'a pu le faire ni de parole, ni d'action. Comment aurait-il offensé des hommes qu'il n'avait jamais vus? L'acte des négriers constitue donc un crime dans l'état de nature, comme à l'égard du monde civilisé. Nous y trouvons une énormité de souffrances accumulées, sans provocation préalable, par des individus d'un continent contre les habitans d'un autre. Mais, dit-on, les Européens ne sont point les acteurs de ces horribles scènes que vous avez décrites. Les Africains font leurs guerres eux mêmes, mettent eux mêmes le feu à leurs villages, et ce sont eux également qui saisissent leurs compatriotes et les réduisent en esclavage. Ce sont donc eux et non les Européens qu'il faut accuser de toutes ces horreurs. Eh bien! soit. Les Européens ne sont point acteurs dans ces scènes déplorables; mais s'ensuit-il qu'ils soient moins coupables? Non, certes. Outre la maxime que nous avons citée, il y en a deux autres, consacrées également par un assentiment universel, et qui n'accusent pas moins la conduite des négriers. L'une est que celui qui recèle le bien d'autrui est aussi coupable que celui qui se l'approprie. Le premier de ces actes n'est pas moins condamné par la morale que ne l'est le second. L'autre maxime ressemble beaucoup à celle-là. Celui qui est cause qu'un acte d'injustice se commet, est coupable lui-même de cet acte. Ainsi, par exemple, l'homme qui en emploie un autre à un assassinat, est lui-même l'assassin aux yeux de la morale. C'est lui qui est l'auteur du crime, l'autre n'est que son complice. Peu importe sous quel point de vue nous condamnerons les négriers, que ce soit pour avoir recelé un bien que d'autres se sont injustement approprié, ou pour avoir été les premiers auteurs des souffrances que nous déplorons. Ce qu'il y a de certain, c'est que, sans les négriers, ces souffrances n'auraient jamais eu lieu. Si jamais un négrier n'avait mis le pied sur le sol de l'Afrique, il n'y aurait eu que très-peu d'Africains réduits en esclavage. Avant qu'ils ne parussent sur ce continent, pour enlever par un commerce infâme, les hommes, les femmes et les enfans, les lois y ressemblaient à celles des peuples qui se trouvent sur la même ligne que les Africains dans l'échelle de la civilisation. L'esclavage n'y était pas, comme aujourd'hui, la punition des crimes. Mais depuis cette époque funeste, la jurisprudence des peuples Africains a été changée pour satisfaire aux demandes des négriers. Auparavant, on ne voyait point incendier des villages pour en surprendre les habitans, on ne voyait point des individus se précipiter à l'improviste sur l'imprudent voyageur comme sur une proie; on ne voyait point l'habitant en vendre un autre pour en tirer un infâme profit. Mais depuis l'apparition sinistre des négriers, toutes ces horreurs ont eu lieu; et depuis ce temps, la confiance et la sécurité ont déserté les rivages Africains. A peine un navire négrier a-t-il paru sur la côte, qu'à l'instant l'avarice, l'envie, la vengeance et toutes les passions coupables, déploient sur les contrées voisines leur criminelle influence; et cette nouvelle, comme nous l'avons dit plus haut, devient comme le signal de tous les crimes. Concluons-en donc que, si les Européens ne sont pas acteurs immédiats dans les forfaits que nous avons décrits, ils n'en sont pas moins les premiers auteurs de ces forfaits; et on ne peut, en conséquence, considérer la Traite, qui en est la source immédiate, que comme une violation manifeste du principe de justice universelle.

Maintenant, qu'ont-ils à dire pour leur défense ces hommes coupables? Par quels argumens sont-ils arrivés à étouffer leur conscience, de manière à pratiquer, sans remords et comme un commerce ordinaire, cette Traite meurtrière et dévastatrice? Sans doute, il n'en est aucun parmi eux qui osât accuser de fausseté les maximes en vertu desquels nous les avons jugés, et déclarer que la Traite ne produit aucun effet funeste. En général, ils nient moins leur crime, qu'ils ne cherchent à en diminuer l'énormité par des raisons atténuantes qui, fussent-elles fondées, n'ôtent que bien peu de chose à l'horreur du crime en lui-même. Parmi les raisonnemens qu'ils emploient à cet effet, j'en choisirai deux des plus spécieux* et je les examinerai l'un après l'autre.

Ils disent donc que les Africains qu'ils transportent sont des criminels condamnés par les tribunaux de leur pays à un lointain esclavage, et, qu'en emmenant ces criminels, ils ne font

* Parmi ces argumens, il en est un qu'ils ont long-temps employé, mais dont l'usage vient de leur être ravi. Ils avaient coutume de rejeter leur crime sur les gouvernemens qui avaient encouragé et sanctionné la Traite. Il est vrai que plusieurs gouvernemens européens trompés par les coupables suggestions des négriers, avaient légalisé la Traite; mais leurs yeux ont été désillés; ils ont reconnu les crimes qu'elle produit, et toutes les puissances réunies au Congrès de Vienne, ont signé une déclaration dans laquelle la Traite est appelée : "Un fléau qui a désolé l'Afrique, dégradé l'Europe, et outragé l'humanité."

que remplir le vœu de la justice. Nous n'examinerons pas si c'est un emploi fort honorable pour des peuples chrétiens de se rendre les exécuteurs des nations payennes qui habitent l'Afrique; nous nous bornerons à répondre que l'argument qu'on met ici en avant, est fondé sur une assertion fausse.

Non, tous les Africains que les négriers achètent ne sont point des criminels; témoins ceux qui sont faits prisonniers quand ont lieu les expéditions appelées Tégria; témoins les nombreux enfans des deux sexes qui sont à bord des navires négriers, et qui sont trop jeunes pour qu'on les regarde comme coupables d'aucun crime. Mais, en admettant même qu'un grand nombre des esclaves ainsi achetés sont des criminels, il ne s'ensuit pas que leur punition soit juste et légale. Où est, par exemple, le crime de ceux qui sont condamnés pour sorcellerie? Comment leur condamnation a-t-elle eu lieu? Par l'épreuve de l'eau empoisonnée. Dira-t-on que ce mode de procéder est légal, et que leur condamnation est juste? Eh-bien! Voyons si le châtiment a été proportionné au crime. Représentons-nous un de ces malheureux condamnés vendu à la plus prochaine caravane, et, dès ce moment, accompagnons-le dans toutes les souffrances qu'il est destiné à endurer. Voyons-le succombant dans le désert sous le poids d'un fardeau qui l'accable, et relevé par les coups redoublés d'un fouet meurtrier; voyons-le amené à bord du navire négrier, adresssant un long et douloureux adieu à sa chère patrie, l'esprit abîmé dans la douleur, ses jambes déchirées par le frottement des fers et lui-même presque expirant dans l'agonie d'une horrible suffocation. Voyons-le, à son arrivée dans la colonie, sous les ordres de son nouveau maître, malheureux exilé qu'on fait travailler comme une bête de somme, en l'accablant de châtimens cruels et non mérités, n'envisageant que dans la mort le terme de ses maux; et, la main sur le cœur, demandons-nous s'il est possible que le crime qu'il a commis lui ait mérité une punition si horriblement douloureuse?

Mais on répond qu'il vaut mieux pour lui être esclave dans nos colonies que dans sa patrie, parce que, dans le premier cas, il obéit à un maître civilisé, tandis que, dans le second, il est soumis à un maître ignorant et barbare, d'où l'on prétend sans doute conclure qu'il est beaucoup plus heureux dans le premier de ces deux cas que dans l'autre. Mais malheureusement pour cet argument, l'assertion sur laquelle il repose est aussi fausse que la première. Car il n'est pas plus vrai de dire que tous ceux que les négriers achètent étaient déjà esclaves dans leur pays, qu'il n'était vrai de dire que tous sont des criminels. Le fait est qu'il n'y a que très-peu d'esclaves en Afrique. Les dix-neuf-vingtièmes de la population sont libres ; et c'est surtout cette circonstance qui rend si à plaindre la plupart d'entr'eux, lorsqu'ils sont vendus aux Européens. Accoutumés qu'ils étaient aux douceurs de la liberté, quelle doit être leur douleur, de se voir ainsi réduits aux misères de l'esclavage? La situation de quelques-uns d'entre eux doit surtout être bien affreuse. Dans les expéditions nommées *Tégria*, nul n'est épargné : le chef lui-même subit le sort de son peuple. Le magistrat, l'artisan industrieux qui ont réussi à amasser quelque bien, sont attachés à la chaîne de la caravane, eux, leurs femmes et leurs enfans.

Mais revenons à l'argument que nous voulons combattre. En supposant vraie l'assertion sur laquelle l'argument est appuyé, encore ne peut-elle être vraie que par rapport aux esclaves qui étaient déjà en cette qualité dans leur patrie. L'argument ne peut s'entendre que de ceux-là seuls; et ce n'est que sous ce point de vue que nous allons le considérer. Nous répondons que l'esclavage en Afrique est une condition douce et supportable : c'est une sorte de vassellage patriarchal, et la condition des esclaves y est préférable, sous beaucoup de rapports, à celle des vassaux dans le moyen âge. Mungo Park nous apprend qu'en Afrique des esclaves domestiques ne peuvent être vendus sous le bon plaisir de leurs maîtres. Il faut, pour que leur vente soit légale, qu'ils aient commis quelque crime. Ils mangent et vivent en la compagnie de leurs maîtres, dans la simplicité des premiers âges ; les maîtres et les esclaves travaillent ensemble, soit à la maison, soit aux champs, et il n'y a entre eux aucune distinction apparente. Les esclaves regardent leurs maîtres comme des pères de famille, ayant sur eux l'autorité paternelle : “ Ne vous ai-je pas servi, (disait le noir qui servait Mungo Park), ne vous ai-je pas servi comme mon maître et mon père ?” Tel est le tableau qu'en fait Mungo Park ; et on doit observer ici que le rapport de ce voyageur a été pleinement confirmé par tous les témoins interrogés par le comité du parlement britannique. Voyons maintenant quelle est la situation de ces mêmes hommes dans les colonies européennes. Que doit penser l'Africain lorsqu'à son débarquement, il se voit exposé en vente, tout nu, examiné et retourné, comme une bête de somme ; nourri, non comme ses maîtres, mais avec une telle parcimonie, qu'il souffre fréquemment de la faim ; travaillant, non dans la compagnie de ses maîtres, mais sous le fouet d'un inspecteur qui tire de ses sueurs tous les travaux dont un homme est capable ; quand il se voit infliger des châtimens arbitraires, sans espoir de se faire rendre justice, accablé de coups s'il lui échappe une plainte, dégradé du rang et de la condition d'homme, et ravalé à celle des animaux ; quand il voit qu'à la couleur de sa peau est attachée une ignominie qu'il transmettra à ses descendans de manière à perpétuer, entre les noirs et les blancs, cette barrière outrageante qui fait une loi aux premiers de trembler et de baisser la vue devant les seconds.

Mais supposons qu'il en est autrement, supposons que les maîtres et les propriétaires n'ont point cette dureté et cette cruauté, supposons que ce soient des hommes ordinaires et traitables; eh bien ! même dans cette supposition, l'esclavage de l'Afrique est un Paradis de délices en comparaison de l'esclavage des colonies. Qui peut les payer de la perte de leurs familles et de leurs amis, de l'éloignement de leur douce patrie ? Qui leur rendra les tombeaux de leurs pères, et ces lieux chéris qui les ont vus naître, et où s'écoula leur riante jeunesse ? Quels traitemens, quelqu'humains qu'ils puissent être, compenseront cette dégradation par laquelle on les ravale à la destinée des bêtes ? Leur couleur, leur langage et jusqu'à la conformation de leurs traits, tout concourt à leur rappeler, à chaque instant de leur vie, leur douloureux abaissement. En Afrique, ils vivaient avec des maîtres de la même espèce et de la même couleur qu'eux ; s'ils parlaient, s'ils se plaignaient, ils trouvaient des voix pour leur répondre, des cœurs pour les entendre, et la nature avait uni les maîtres aux esclaves par les nœuds d'une mutuelle sympathie.

Les argumens des négriers sont donc de toute fausseté ; mais ces argumens fussent-ils vrais, ils ne prouveraient encore rien en leur faveur, comme nous croyons l'avoir démontré. Or, on a vu que ces argumens sont nuls, qu'ils tombent d'eux-mêmes, et qu'ils ne peuvent soutenir l'approche d'un raisonnement sain. C'est donc inutilement que les négriers chercheraient à en faire le palliatif de leur coupable conduite ; oui, coupable, nous le répétons ; ils sont coupables de toutes les fraudes, de toutes les condamnations injustes, de tous les enlèvemens d'hommes, soit publics, soit particuliers, de toutes les guerres et de toute l'effusion de sang dont l'Afrique est le théâtre ; coupables de toutes les insurrections, de tous les suicides, de toutes les effrayantes destructions de la vie humaine qui ont lieu sur l'Océan, par suite de l'exercice de cette fatale Traite. Il est un crime surtout qui pèse sur leurs têtes coupables, celui *d'avoir retardé de près de trois siècles, la civilisation Africaine.* Mais quels termes emploirons-nous pour désigner cet autre crime qu'on a droit de leur reprocher, celui d'avoir importé dans les colonies européennes des millions d'hommes, et de les avoir condamnés à y vivre eux et leur postérité, pour toujours, dans l'abaissement et la plus humiliante dégradation. Aucun terme ne peut suffisamment caractériser ce genre de crime, d'une espèce si nouvelle et si effrayante. Comment appellerions-nous l'homme qui innoculerait dans le sang de ses semblables un poison contagieux, de manière à les frapper d'une lèpre hideuse jusques dans leur dernière postérité ? Ne dirions-nous pas qu'un tel homme est un monstre qu'ont vomi les enfers ? Hé bien ! ces monstres, ce sont les négriers. Ce sont eux qui ont innoculé non à quelques personnes, mais à une portion entière du genre humain, le poison de l'esclavage et la lèpre d'une éternelle dégradation. Ils ont introduit dans les colonies européennes une race d'hommes frappés d'une douloureuse réprobation par la Traite même dont ils sont les victimes, réprobation qui se transmet avec le sang, de sorte que l'infortuné qui a le malheur d'avoir quelques gouttes de ce sang avili dans les veines, se voit, comme l'homme frappé de la lèpre, séquestré à jamais de la société de ses semblables et condamné, pour comble de maux, à voir perpétuer, dans sa postérité, cette fatale ignominie.

Maintenant, si nous rassemblons tous ces faits et que nous appellions la réflexion sur cette masse accablante de preuves douloureuses, nous serons forcés de conclure que l'histoire du monde ne présente pas, dans ses annales, une accumulation de souffrances et une complication de forfaits qu'on puisse mettre en parallèle avec les monstrueuses horreurs qui ont signalé l'exercice de la Traite par les nations européennes.

CHAPITRE VI.

La Traite en opposition avec les principes de la religion révélée. La Traite considérée par les négriers comme moyen de conversion au Christianisme. Réfutation de cet argument en ce qui concerne l'Afrique et les Colonies. Que cet argument fût-il fondé, la Traite n'en est pas moins un crime aux yeux de la Religion révélée.—Conclusion.

S'IL est vrai, comme nous croyons l'avoir prouvé dans le chapitre précédent, que la Traite est une violation manifeste du principe de justice universelle, nous n'hésiterons pas à déclarer qu'elle est également en opposition avec les principes de la Religion révélée.

L'histoire nous atteste qu'à l'époque de la prédication du christianisme, les premiers chrétiens manifestèrent leur répugnance pour cette espèce d'esclavage connu sous le nom de vasselage, quelque doux qu'il fût d'ailleurs. Ils pensaient que l'esclavage, quel qu'il fût, était incompatible avec la céleste doctrine de notre religion sainte, et nous voyons que, dans les premiers siècles de l'église, les chrétiens avaient coutume, à leur mort, d'affranchir leurs esclaves. Ils consignaient dans leur testament les raisons qui les portaient à cet acte. " C'était pour l'amour de Dieu, et le salut de leur âme." Ces expressions nous indiquent suffisamment ce qu'ils pensaient de l'esclavage. C'est à cette influence du christianisme sur l'esprit de ces peuples et à ses progrès parmi leurs descendans, qu'on doit attribuer le changement que la société a subi en Europe dans nos temps modernes; on voit également par là pourquoi les états de l'Europe, qui ont les premiers joui du bienfait de la prédication évangélique, consistent en une population composée entièrement d'hommes libres. Nous y trouvons une preuve non équivoque de l'opinion de nos ancêtres sur ce sujet, et les principes qu'ils nous ont transmis seraien arrivés jusqu'à nous purs et sans mélange, sans l'introduction de la Traite des Noirs qui eut lieu immédiatement après la découverte du nouveau Monde. Toutefois, les auteurs de cette Traite, ayant conscience de leur crime et de l'ignominie attachée à cet odieux commerce, se virent dans la nécessité de trouver et d'inventer quelques excuses pour pallier un peu l'infamie de leur conduite. Ils ont essayé d'affaiblir l'autorité de l'opinion des chrétiens nos ancêtres, en disant que leurs expéditions avaient des effets favorables à la religion, qu'elles servaient à répandre parmi les nations infidèles de l'Afrique les principes de la religion chrétienne, et à en transporter les habitans dans les colonies pour les convertir à la vraie foi.Ces déclarations eurent alors beaucoup de poids, parce que l'on ignorait la nature de ce détestable commerce. Mais nous nous étonnons que leurs successeurs emploient encore aujourd'hui le même langage. Nous allons faire, à ce sujet, quelques observations, avant de prouver que la Traite est en opposition directe avec les principes de la religion révélée.

Et d'abord, nous ne craignons pas d'être contredit quand nous soutiendrons que cet argument est totalement faux, en ce qui concerne spécialement l'Afrique. Nous soutenons que, non seulement la Traite n'a point converti les infidèles au christianisme, mais que le plus grand obstacle à leur conversion est dans la Traite elle-même. M. Smith, qui a résidé longtemps sur le continent Africain en qualité d'agent d'une factorerie Anglaise pour la Traite, écrivait, en 1722, il y a près d'un siècle : « Les nègres qui réfléchissent considèrent l'arrivée des Européens dans leur pays, comme le plus grand malheur et le plus grand fléau qui pouvait leur arriver. Ils disent qu'en introduisant la Traite, les chrétiens ont amené avec elle tous les genres d'horreurs dans un pays qui vivait autrefois dans la tranquillité et la paix." "Qui voudrait," disent-ils, "se faire chrétien, quand le crime, la dévastation et la mort marchent à la suite du christianisme?" Mungo Park qui visitait l'Afrique, il n'y a que peu d'années, écrivait:

"Quelque haute idée que les Noirs aient des facultés et de la puissance des Européens, je crains beaucoup que ceux d'entre eux qui se sont faits mahométans n'aient qu'une idée peu avantageuse de nos connaissances en religion. Les marchands d'esclaves, dans les districts maritimes, ne font rien pour détruire cette opinion parmi eux. S'ils remplissent leurs devoirs religieux, ce n'est jamais qu'en secret et loin de leurs yeux: rarement abaissent-ils leur orgueil à converser avec les Noirs, d'une manière instructive et amicale. C'était pour moi un juste sujet d'étonnement et de regret tout ensemble, que de voir que, tandis que le mahométisme a jeté déjà quelques lueurs parmi les habitans de l'Afrique, la lumière bienfaisant du christianisme y est complettement inconnue; et l'on doit déplorer que, bien que l'Afrique soit fréquentée depuis plus de deux siècles par les Européens, les Noirs sont encore étrangers à notre religion sainte."

L'autre partie de l'argument qui a trait aux colonies, n'est pas moins fausse que la première. De toutes les contrées de l'univers, les colonies sont les moins propres à faire des conversions. La haine que les esclaves y portent à leurs maîtres, doit naturellement s'étendre à la religion que ces maîtres pratiquent. Ils ne peuvent voir en elle qu'un dogme qui sanctionne la cruauté et l'oppression. Rappelons-nous la réponse de ce vieux Cacique que les conquérans de l'Amérique mettaient à la torture. Ses bourreaux lui offraient le ciel, s'il consentait à recevoir le baptême de leurs mains. "Trouverai-je des Espagnols dans ce lieu là?" demanda l'enfant du nouveau Monde? "Oui, sans doute," lui dit-on. "En ce cas, je ne veux point y aller," répondit-il. De même, les Africains ont le droit de répondre à ceux qui leur parlent de la religion chrétienne dans les colonies : " Nous ne voulons point d'une religion qui est celle de nos oppresseurs."

Mais d'autres obstacles encore s'y opposent à leur conversion. La situation sociale où ils sont placés dans les colonies, est une situation violente, contraire au vœu de la nature, et qui repousse tous les progrès de l'intelligence et de la morale. Vous voulez, par exemple, leur enseigner à être honnêtes ; mais la faim qui les tourmente les excite au vol. Vous les exhortez à la fidélité et à la soumission dans leur condition nouvelle ; mais, courbés sous le poids des travaux et des châtimens, le ressentiment de leurs injures vit profondément dans ces cœurs ulcérés, et ils appellent de tous leurs vœux l'heure de la vengeance. Quel profit veut-on donc qu'ils retirent des instructions qu'on leur donne, quand le fait même de leur condition les force au crime ? Il y a d'autres obstacles encore. On a toujours remarqué que l'exemple est plus éloquent que le précepte. Et quelle contrée de la terre est plus féconde que les colonies en mauvais exemples de toute espèce ? Il n'y en a point en Europe, il n'y en a point dans les quatre parties du globe qu'on puisse leur comparer sous ce rapport. L'autorité et le pouvoir corrompent le cœur de l'homme, et nulle part on ne les exerce avec autant de latitude et de licence que dans les lieux dont nous parlons. Là, tout propriétaire est un monarque absolu dans ses domaines. Là, la haine et toutes les passions violentes ont un champ libre, et la crainte du châtiment ne plane point sur elles. Là, règne la licence, le crime et la tyrannie. Si les esclaves s'y convertissent, certes ce ne sera pas sur l'exemple de leurs maîtres. Mais que dirons-nous s'il nous est prouvé que plusieurs de ces maîtres s'opposent à ce qu'on enseigne le christianisme à leurs esclaves, dans la crainte qu'une fois chrétiens, ils ne soient forcés de les mieux traiter.

Mais nous accordons aux négriers que tous les Africains qu'ils transportent dans les colonies, deviennent chrétiens.

Nous disons que même une conversion universelle ne saurait excuser les guerres, les meurtres et les assassinats que la Traite occasionne en Afrique, non plus que les tourmens et le ravage de la vie humaine que produisent les voyages des navires négriers. Les négriers n'en ont pas moins à répondre de tous ces crimes. La Traite n'en est pas moins, même avec cette concession, en opposition manifeste avec les principes de la religion révélée. Ecoutons ce que dit St. Paul dans l'épître aux Romains. Il nous apprend que nous ne devons pas faire le mal, dût-il même en résulter du bien; ou, en d'autres termes, qu'il est défendu de commettre un acte répréhensible dans la vue d'un avantage public, ou d'un gain particulier. Ce noble principe ne souffre point d'exceptions. Il est applicable à toutes les circonstances de la vie humaine, au gouvernement des peuples, comme à l'exercice des affaires commerciales, comme aux actes de la vie privée. Quelque grands que soient les avantages, par exemple, qui doivent résulter des plans politiques d'un monarque, il ne lui est pas permis de les mettre à exécution, s'il ne peut le faire sans avoir recours à des moyens injustes.

Un marchand qui, en commettant un acte contre la probité, aurait l'espoir de faire sa fortune, serait hautement coupable s'il exécutait cet acte. Le précepte de l'apôtre, condamne sans exception et la Traite et l'esclavage qui n'est fondé que sur elle; parce qu'il est impossible de soutenir l'une et l'autre, sans avoir recours à une multitude de crimes. Non-seulement les pères de l'église qui ont succédé aux apôtres, ont confirmé et étendu encore ce précepte; mais les successeurs de St. Pierre, les Papes eux-mêmes, en ont fait l'application au sujet même que nous discutons en ce moment. Le Pape Léon X, consulté par les Dominicains sur la manière dont on devait se conduire avec les Indiens, répondit dans la lettre qu'il leur adressa à ce sujet, " que la religion chrétienne et la nature s'élevaient contre l'état d'esclavage." Bientôt naquit l'étrange doctrine qu'il était permis de réduire les Indiens en esclavage, pourvu qu'en même temps, on les convertît à la vraie foi. Mais le Pape Paul III promulgua en 1537, deux brefs dans lesquels il censure fortement ceux qui professaient une pareille doctrine: il y déclare que celui qui l'a introduite, ne peut être que l'ennemi du genre humain, (le démon). Il la qualifie de doctrine inouïe jusqu'à ce jour et il la déclare fausse non seulement en ce qui concerne les Indiens, mais encore en ce qui concerne toute autre nation. Là se trouve le complément de la réfutation que nous venons d'entreprendre. On y lit expressément *qu'il n'est pas permis de réduire en esclavage les Indiens, ou toute autre nation, même sous le prétexte de leur procurer les bienfaits du christianisme, parce que l'esclavage est, en lui-même, un crime.*

Mais poursuivons. Il nous reste à prouver que la Traite ne peut se concilier avec les principes de la religion révélée; après une digression si étendue, nous allons le faire en peu de mots, et, en effet, peu de mots doivent suffire pour éclaircir ce point.

Moïse dans la loi qu'il donna au peuple juif a condamné d'avance tous les argumens des négriers. Il grava dans cette loi dictée par Dieu même: " *Tu ne tueras point!*"* Toute la Traite n'est-elle pas une longue complication d'attentats contre la vie humaine? " *Tu ne déroberas point!*" La Traite n'engendre-t-elle pas une longue série de vols? *Tu ne porteras point faux témoignage contre ton prochain!*" Que de millions d'innocens, condamnés sur de fausses accusations, grâce encore à la Traite! " *Tu ne convoiteras pas la maison de ton prochain, ni sa femme, ni sa servante, ni son bœuf, ni son âne, ni rien qui lui appartienne!*" Le marchand Africain, encouragé au crime par le marchand d'Europe, non-seulement convoite la femme, le serviteur et la servante de son

* Exod. chap. 20, vers. 15.

prochain, il fait plus, il le convoite lui-même; et, non content de le convoiter, il met à exécution son désir criminel; il s'empare, par des moyens violens et injustes, de la personne de tous ces infortunés. Ainsi est condamnée par la loi de Moïse cette Traite odieuse, source de tous les crimes. Combien à plus forte raison est-elle condamnée par la religion du Christ! Car le Sauveur des hommes n'est point venu pour détruire la loi, mais pour l'accomplir dans un plus haut degré de perfection; il a, en conséquence, fait un crime de la seule intention, quoique non suivie d'exécution.

Il y a plus. Moïse après avoir énoncé les termes généraux de la loi, introduit certaines dispositions particulières, relatives à certains délits spéciaux. Telle est, entre autres, la disposition suivante: " *Celui qui volera un homme pour le vendre, s'il est pris sur le fait, sera mis à mort.*"* Il est évident que par le mot *volera* Moïse entend les rapts commis par fraude ou par violence, et souvent par ces deux moyens réunis. Nous pouvons, en conséquence, appliquer cette disposition à toutes les pratiques criminelles qui, comme nous l'avons prouvé, sont employées en Afrique pour fournir d'esclaves les navires européens. Nous pouvons l'appliquer spécialement à ces expéditions appelées *Tégria*, et, en général, à tous les moyens de fraude et de violence qu'on y emploie pour s'y procurer des hommes, des femmes et des enfans dont on trafique comme d'une marchandise. N'oublions pas que la punition décrétée par Moïse contre ces voleurs d'hommes, est la peine capitale. Mais on dira peut-être que cette disposition particulière n'était faite que pour les Juifs et n'était applicable qu'à l'ancien peuple hébreux. On se trompe. Cette disposition n'est que la répétition et l'application de la loi de Moïse, cette loi qui dit: " *Tu ne*

---

* Exode 21, 16.

déroberas point." Ce principe, avant d'être consacré dans la loi de Moïse, Dieu l'avait gravé dans le cœur de tous les hommes. La disposition dont nous avons parlé ne fait rien autre chose qu'appliquer la défense générale à un genre de vol particulier plus affreux qu'aucun autre, au vol de l'homme exécuté par l'homme. Cette dernière circonstance n'aggrave-t-elle pas singulièrement le crime? Si c'est un crime que de voler du bétail, des effets, de l'argent, combien plus criminel est le vol de l'homme, cette noble créature faite à l'image de Dieu, à qui l'Eternel a donné une âme immortelle et ce pouvoir intellectuel par qui le sceptre de la création lui a été délégué. Ce n'est donc point une disposition qui n'est applicable qu'à un seul peuple, c'est un des points fondamentaux du code universel qui régit le genre humain, et auquel le christianisme a donné une sanction plus solennelle encore. C'est ainsi que le considérait l'apôtre lorsqu'il dit, dans la première épître à Timothée*, que ce n'est pas pour le juste que la loi a été établie, mais pour des méchans, des impies, des hommes vicieux, des profânes, des incrédules, des parricides, des gens abominables et entr'autres des voleurs d'hommes. Mais qu'entend l'apôtre par ces voleurs d'hommes désignés par la loi? Il entend ceux qui, parmi les Israëlites, enlevaient des hommes pour les vendre. Il entend ceux qui faisaient le même métier parmi les Grecs et les Romains, dans le temps même où vivait l'apôtre. Il a voulu également désigner par là tous ceux qui, par la suite, se souilleraient du même crime. Mais arrêtons-nous; nous croyons en avoir dit assez sur ce sujet. Si nous avons bien interprêté les passages que nous avons cités, il reste prouvé que l'ancienne et la nouvelle loi condamnent également la Traite. S'il est vrai, comme nous devons le croire, que ces pages sacrées contiennent l'expres-

* Chap. 1, vers 9.

sion de la volonté divine manifestée à l'homme, nous avons réussi à prouver la proposition avancée au commencement de ce chapitre, savoir que, si la Traite est une violation du principe de justice universelle, elle n'est pas moins en opposition avec les principes de la religion révélée.

Lecteur philantrope qui parcourez cet ouvrage! Nous venons de mettre sous vos yeux le tableau de cet horrible commerce et de tous les fléaux qu'il entraîne à sa suite. Plus d'une fois, sans doute, ces tristes peintures ont ému votre pitié, ou soulevé votre indignation. Nous appelons surtout votre attention particulière sur le plan d'un navire négrier, que nous avons joint à cet ouvrage;* lui seul vous dira plus que ne vous diraient des volumes.

Puisse-t-il vous rappeler sans cesse les maux affreux que souffrent les malheureux Africains sur cet océan qui les porte à un esclavage éternel, ceux qu'ils ont déjà éprouvés sur la terre africaine, et ceux qui les attendent encore sur la terre des Indes occidentales! Ainsi, à l'aspect seul de cette gravure, votre imagination attendrie et irritée tour-à-tour parcourra ce long cercle de douleurs et de crimes.

Rappelez-vous quelquefois cette touchante scène d'adieu entre Mungo Park et ses compagnons de voyage.† Qu'il nous soit permis de la transcrire encore, et de terminer par cet intéressant tableau de la sensibilité africaine, un ouvrage consacré à la cause des enfans de l'Afrique.

" Je touchais", dit Mungo Park, " à la fin du plus pénible et
" du plus douloureux voyage. Encore un jour, et j'allais me
" trouver avec mes compatriotes, dans les bras de mes amis.
" Cependant, quelques raisons que j'eusse de me réjouir, ce

* Voyez plus haut, page 38.

† Voyez plus haut, page 34.

" n'est pas sans une vive émotion que je me séparai de mes
" malheureux compagnons de voyage dont la plupart, je le
" savais, étaient destinés au plus dur esclavage dans des con-
" trées lointaines. Dans le cours d'un voyage pénible de plus
" de 500 milles anglais, sous les chaleurs brûlantes des tropi-
" ques, ces pauvres gens, au milieu de leurs souffrances pré-
" sentes et de celles qui les attendaient, avaient encore pitié
" des miennes. Que de fois ils sont venus d'eux-mêmes m'ap-
" porter de l'eau pour étancher ma soif! Que de fois, à l'ap-
" proche de la nuit, je les ai vus rassembler des feuilles et
" des branches d'arbres pour me préparer un lit dans le dé-
" sert. Nous nous séparâmes en soupirant, en nous exprimant
" nos regrets, en nous comblant de bénédictions mutuelles.
" Je gémissais de n'avoir à leur offrir que mes vœux et
" mes prières. Ils devinèrent ma peine. 'Nous savions',
" me dirent-ils affectueusement pour me consoler, 'nous sa-
" vions que c'était là tout ce que vous pouviez nous donner!
" nous n'en voulons pas davantage."

Quel récit! quelle scène!....Lecteur philantrope! Gravez, ah! gravez là dans votre mémoire cette scène touchante. Ah! si ces bons Africains cherchaient à adoucir les souffrances d'un *Européen*, dans le moment même où ils souffraient par le crime des *Européens*, dans le moment où un vil agent des *Européens* les conduisait à leurs funestes vaisseaux, et où ils n'avaient devant eux que l'affreuse perspective d'effroyables souffrances à travers l'océan, et d'un éternel esclavage dans les colonies de l'Europe, hésiterez-vous, lecteur philantrope, en votre triple qualité d'homme, d'Européen et de Chrétien, hésiterez-vous à venir au secours de leurs compatriotes, malheureux comme eux!......Hélas! les infortunés qu'ils étaient! que pouvaient-ils donner à leur compagnon de voyage? Ils n'avaient rien en propriété ; ils étaient eux-mêmes la propriété d'autrui. N'importe!....Ils lui donnaient ce que n'avaient pu leur ravir leurs tyrans, l'affectueuse sympathie des cœurs bons et sensibles....Ils étanchaient sa brûlante soif; ils lui dressaient un lit dans le désert....Imitez-les, lecteur philantrope! Que votre cœur vous parle en faveur des Africains opprimés! Devenez leur ami, leur défenseur! Exposez le tableau de leurs souffrances! En public, en particulier, devant les étrangers, en présence de vos compatriotes, que partout votre voix généreuse s'élève et tonne contre leurs oppresseurs! D'autres vous suivront dans cette noble cause. Et qui sait si à votre voix ne doivent pas un jour s'unir d'autres voix qui, elles-mêmes, en feront élever d'autres à qui est réservée peut-être dans les décrets de la divine Providence, l'extinction totale de ce commerce homicide?......

FIN.

IMPRIMÉ PAR G. SCHULZE, 13, POLAND STREET.

www.ingramcontent.com/pod-product-compliance
Ingram Content Group UK Ltd.
Pitfield, Milton Keynes, MK11 3LW, UK
UKHW020350180726
13839UKWH00003B/1004

9 782329 471938